童玩家

幼儿混龄学习与生活的红缨范式

红缨幼儿园混龄制研究小组◎编著

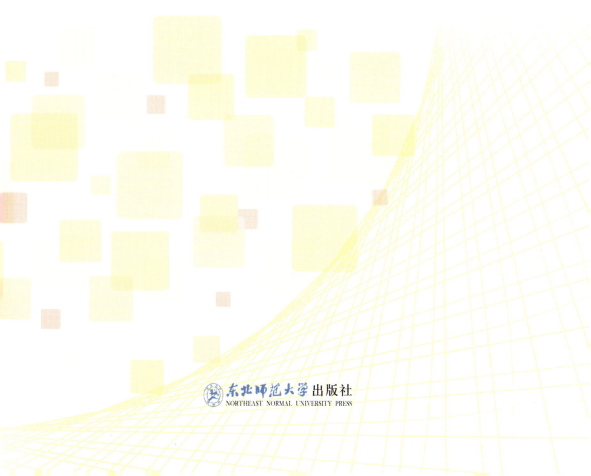

东北师范大学出版社
NORTHEAST NORMAL UNIVERSITY PRESS

《童玩家》编委会

顾　　问：施光明

主　　编：黄　静

副 主 编：林　玲　　傅思颖

编写人员：胡晓颖　　孙静怡　　陈　晨　　许　威

插　　图：程　玥　　王　天

序

在我刚起笔撰写《童玩家——幼儿混龄学习与生活的红缨范式》一书时，原杭州市教育科学研究所所长施光明老师就对我说："这本书，你该自己写篇序。"当时的我并不在意，一笑了之。但随着书稿经过一轮又一轮地修改，我一遍又一遍地回顾着童玩家成长与发展的全历程，在最终合上书稿的那一刻，突然心中就涌起了写序的渴望。可能这会是一篇不太像序的序，但它一定记录下了我对童玩家最真实的感受。

2019年，我随着教育局领导来到一幢小房子前，他们告诉我，这将是我们红缨幼儿园的新园区。我抬头望着这所从建筑造型、外墙色彩上来看其实就是排屋一部分的、占地仅有三百多平方米的、没有丝毫"儿童色彩"的幼儿园，心里不免有些担心，这样的一所"迷你"型幼儿园该如何定位？

我走进幼儿园，从一楼到三楼，从三楼到一楼，转了十几圈后发现，这其实还是一幢非常有趣的房子。每个教室的户型几乎都不相同，每个教室几乎都能直接通向户外，每层都有宽敞的开放式公共区域。与其说它是幼儿园，不如说更像一个大大的家。于是，一个名字从我脑海里蹦了出来——"童玩家"：一群大人小孩生活在一起

的家,一个如家一般安全自由、比家更好玩更有挑战性的地方。

当对幼儿园的硬件条件不再心存芥蒂时,我的心里确实坦然了许多。不得不承认,幼儿的活动空间确实不尽如人意,但教育不应该受到这些外在空间的限制,当我们无法选择已有的环境和条件时,剩下的就只有改变自己、突破束缚,让在这个"最小的幼儿园"里生活的孩子一样能够拥有无穷大的成长空间。

随之而来的思考便是:红缨秉承了数十年的"乐活"教育,在这样小小的童玩家里,在老师与孩子之间,又会、又能碰撞出怎样的火花呢?在这样小小的空间里,孩子的成长、交往、学习会受到限制吗?如果我们的教育思维不改变、对幼儿园认知的格局不突破,那么这个小小的幼儿园将会成为一个教育资源相当贫乏的、极为局促的空间。因此,我和老师们一起开始了全新的思考:处在新时代背景下的高品质教育示范区的"童玩家",必须走出舒适圈,真正立足于幼儿、立足于面向未来的需求,去建构一种新的教育机制、去创设一种对儿童和教师而言都是开放自由的环境。师幼要共同建构起属于儿童,也同样属于教师的幸福童年。于是,我们提出了一句明确的口号:最小的幼儿园也有最大的成长空间。而这个"最大",是对各种边界的突破,包括突破年龄界、突破园舍界、突破家园界等等。

2020年,童玩家正式开园了,心中有着无限畅想的我,还是有些不自信。所以刚开园的这一年,我们在充分征求家长意见基础上,开设了两个班,一个是普通编班,一个是混龄编班。一年后,我们对两个班孩子的成长状况进行分析,看到了不同班级孩子的成长差异,验证了自然生态的混龄环境对于儿童成长的特殊意义和价值,同时引发了我们新的思考:如果我们突破"唯阶段论",让每一个儿童都能拥有属于自己的学习速度、学习内容、学习方法；如果我们突破"知识的层级观"，让每一个儿童都能对自己有天赋、感兴趣的内容进行探索；如果我们不再仅仅是"把不同年龄的孩子放在一起，把年龄差异成为孩子互学的资源"，从关注年龄段孩子的目标转向具体关注到每一个孩子能力的发展，让每一个孩子都成为行走的资源包，主动的学习者……那么，"童玩家"的教育，才能真正让幼儿以其本有、本真的样态生活和生长。

基于这样的思考，我们开始实践，接下来的几年里，"童玩家"的幼儿生活有了巨大的变化。我们有了打破年龄界限的班级，孩子的生活更加丰富，面临的问题更加真实且多元；我们有了打破班级界限的"儿童研究中心"，让"一孩子一课程"教育理念成为现实，每个孩子都成为研究者，主宰着自己的学习，建构着自己的课程；我们有了打破园界的"运动日"，孩子们徒步走到隔壁幼儿园、走入社区去撒欢；我们有了没有围墙的生活与学习……在这样的日子里，我们竭尽全力激发幼儿对世界的好奇，竭尽全力支持幼儿去实现他们"伟大的想法"，一步步"形成目标感"，越来越"善于交朋友"，充满自信地"喜欢破难题"，慢慢地拥有坚韧性格和意志力。

童年是人生的本质部分，人的一生都将"重构它"，或者"赋予它意义"，或者"回应它的呼唤"。[①]所以童年不仅仅是一段时间而已，有的人用一生在弥补童年，有的人则会用童年来温暖一生。我们竭尽全力在"童玩家"给孩子幸福的童年，让幼儿能够保持其"儿童性"，所以我们看见了幼儿的"十二种憨态"：惊喜、笃定、真挚、忘我、酣畅、放飞……当然，幼儿的憨态远远不止"十二种"，但正是这些真

---

① 马里翁.事件或突然发生的现象[J].朱刚译.现代哲学,2019(3):70-83.

实的、毫无掩饰的样子，让我们沉醉其中，吸引着我们开始与幼儿一起摆弄、沉思、欢呼、讨论、争执。在这样的教育环境中，我们开始承认和接纳自己作为教师的不完美，愿意向儿童学习，乐于向儿童学习，坚定地相信儿童的力量。

让我欣喜的是，随着"童玩家"的"儿童性"越来越明显，老师们的童年也逐渐被唤醒，而这种童年的"复苏"，使老师与幼儿之间不再有成年与童年之间的距离感。老师们以幼儿的方式去面对幼儿，也开始如同幼儿一般充满想象力、充满好奇心、充满创造性，面对"面向未来的教育"的探索，我们就如幼儿般勇敢而又执着。

未来，"童玩家"里，我们将一直与幼儿在童年里共在。

黄 静

2023 年 10 月 18 日于童玩家

目录

第一章　绪论　重塑未来教育形象 ⋯⋯⋯⋯⋯⋯⋯⋯001
　第一节　现实与理想的碰撞 ⋯⋯⋯⋯⋯⋯⋯⋯003
　第二节　改造与塑造的思辨 ⋯⋯⋯⋯⋯⋯⋯⋯019
　第三节　瞭望塔上的期待 ⋯⋯⋯⋯⋯⋯⋯⋯⋯029

第二章　打造　构建儿童探究的场域 ⋯⋯⋯⋯⋯045
　第一节　营造　无边界的儿童研究中心 ⋯⋯⋯047
　第二节　探究　让孩子感知真实的世界 ⋯⋯⋯058
　第三节　成长　让孩子感受生活的温度 ⋯⋯⋯072

第三章　旅程　儿童的探究行程 ⋯⋯⋯⋯⋯⋯⋯087
　第一节　探究随时随地发生 ⋯⋯⋯⋯⋯⋯⋯⋯089
　第二节　各种各样的探索 ⋯⋯⋯⋯⋯⋯⋯⋯⋯106
　第三节　锦囊　探究的工具 ⋯⋯⋯⋯⋯⋯⋯⋯115

第四章　故事　儿童探究中的憨态 ·························131

　第一节　充满热爱的乐孩子 ·························133

　第二节　初生牛犊的勇小孩 ·························143

　第三节　无限可能的淘孩子 ·························151

第五章　携手　师幼同行下的美好场景 ·························159

　第一节　陪伴　支持幼儿探究的行为策略 ·························161

　第二节　亲密　维持探究氛围的关系建设 ·························180

　第三节　角色　塑造教师多面立体形象 ·························185

第六章　飞跃　未来图景的初体验 ·························197

　第一节　淘孩子,已然释放出能量 ·························199

　第二节　永动者,被激活的教师形象 ·························218

　第三节　童玩家,儿童研究中心的未来构想 ·························229

后　记 ·························237

第一章

绪论　重塑未来教育形象

　　"教育有且只有一个目的，即帮助人们获得自由、感受到幸福。"那么如何才能让每个儿童都能拥有终身自由而幸福的人生呢？首先，调整教育的视角，让教育兼顾儿童现实与未来，这样才能完成与儿童现实和未来统一的使命。进而，确定教育的目标，从认知目标向能力目标转变，这样才能让儿童拥有改变社会、憧憬未来美好生活的动力。最终，构建教育的主体，从教育改变儿童回归到通过教育让儿童做回自己。

第一节　现实与理想的碰撞

目前学前教育逐渐进入从数量普及到质量提升的发展阶段,但现实仍存在一些壁垒——刻板化的评价标准、一统式的学习环境、控制式的师幼关系,这些都会让孩子们缺少自由。当缺少学习自由、思想自由时,教育如何才能培养孩子敏锐的感受力、良好的心态、丰富细腻的情感、积极健康的价值观,完成与儿童现实和未来统一的使命? 我们只有打破年龄、空间、学习方式的界限,才能真正打破目前教育的壁垒,让孩子们最终获得学习以及个性发展的自由。

 一、洼地

突破成人视角的诸多限制,固定在班级的师幼关系,局限在教室的生活与学习,针对特定年龄阶段的学习、游戏与生活……这些现实教育中积习成常的现象往往使教育工作者走进教育的误区,使孩子们陷入成长的困境。

(一)抓在手心

成人往往从培养孩子良好规则意识的角度出发,给孩子的生活粘贴各种固定动作和禁止行为的标签。在这些行为规范的背后,成人到底是在教会孩子遵守规则还是遵守纪律?

1. 来自成人的那些"不放心"

在日常生活中,我们经常能够看到因为成人诸多的不放心,而对孩子过多的干扰、限制和包办。例如,觉得孩子年龄还小,不放心孩子能够

独立自主地完成一些事情,于是便出现怕孩子盛不好饭菜,干脆所有饭菜都盛好的情况;怕孩子无法完成成人心目中所谓好的作品,干脆就让孩子在成人的视线里,一步一步听从跟随;怕孩子经验不足,无法提出好的想法,干脆在孩子开口之前,将自认为所有的可能都告诉孩子,在不需要孩子提问的学习环境中,依样画葫芦。

在形形色色、层出不穷的"不放心"背后,体现的实则是成人对孩子的占有与控制,是对孩子独立性的剥夺,是对孩子不信任的心理体现。在教育上,这样的"反爱"违反了教育的规律,剥夺了孩子的选择权、尝试权、表达权和允许犯错的权力。

2. 来自成人的那些"固定"

"放电影学习法"非常有助于通过场景式回顾进行复盘并且分析问题。在寂静的夜晚,成人将白天看到的幼儿园老师和孩子们一日生活的各种场景,通过"放电影"的方式进行追溯,脑海里最先跳出的是各种各样的固定规范,例如:在固定喝水的时间点,提醒孩子喝水;在外出排队时,特意为几位活跃的孩子选择固定的"拉手"同伴;午睡时,跟孩子们强调,哪怕睡不着也需要安静地闭上眼睛休息……

于是我反过来想,如果我就是那个被固定的孩子,那当下的我会有什么感受呢?"比起现在喝水,我更希望不被打扰,做我喜欢做的事。""越'乖'就越能得到老师关注,我要好好'管理'跟我拉手的'活跃分子'。""这样的午睡对我来说实在是太痛苦了,太漫长了。"如果,我们的教育是为了尊重每一个孩子,且让他们感受到快乐,那么这些固定的规则到底是更考虑到孩子的感受,还是让成人更便于管理孩子呢?

3. 来自成人的那些"约定"

在各个幼儿园,我们都会看到一些大同小异的"约定牌"。例如教室墙面上的班级公约大多会写"轻声说话""慢慢走路""及时整理玩具""有序排队"等,图书室墙面上的公约则是"请先脱鞋""爱护图书""放回原处"等。虽然"约定牌"看起来是由充满童趣的字体、图画或者幼儿的一字一音来制作而成的,但这不禁令人思考,这么多个性各不相同的孩子怎么会形成如此高度一致的"约定"? 这些"约定"是由谁来建立的? 是孩子还是成人?

幼儿园推崇快乐成长理念,并不意味着对孩子们失去约束,规则意识的建立是非常重要的。规则的价值在于更好地服务大家,更好地完善孩子的人格。而纪律的制订则是为了让一方绝对服从另一方,不能质疑,实为强权。所以,真正的幼儿园学习和生活应该是由师幼共同来经营的,孩子只有发自内心地认同,才能视规则为己任。

(二)达标教育

用一把尺子去评价孩子,让不同年龄孩子的发展拘束在固定刻度中,当"达标"成为教育的终点,缺少幼儿为本的教育将走向何方?

1. 教育的功利性

如果教育丢失了务实的作风,去追求眼中的所谓特色,或者教育丢失真实的面貌,去演绎成人世界所谓的精彩,那么教育就丢失了孩子和它本该有的样子。

(1)追特色:成人目的的"教"

近几年,涌现出了很多环境优美、各具特色的幼儿园。"看起来好美""似乎很有特色"成为同行评价幼儿园的常用语。但是,在如此追求"特色"与"好看"的结果背后,大致都经历着这样的场景:在美术活动中,老师们一边示范,一边让孩子们跟着模仿。在哪里、画什么、怎么画、用什么颜色,都是老师灌输的结果,因为只有这样才能"创作"出一批"有品质"的幼儿作品。在自由游戏的时间,一些"能干"的孩子则被挑选到老师身边,老师将事先设计好的表演蓝本,交由这些"能干"的孩子"代言"。

无数耗费时间、倾尽心力打造出来的儿童作品、儿童表演,实则与孩子们真实的发现、感受、想象与创造相差甚远。"看起来很美""似乎很有特色"这两句话概括了现今中国一部分幼儿教育者的浮燥心态。

(2)评优课:脱离幼儿的"赛"

很多老师都有因为要参加各种名目的公开课评比而痛苦应付的经历。为了上一节"完美"的公开课,教学设计是幼儿园的智囊团谋划的,数易其稿后,几乎已经丢失了老师自己的想法;为了上一节"完美"的公开课,上课的每一句话、每一个动作甚至语气语调都经过反复排练;为了上一节"完美"的公开课,不仅折腾老师,还折腾幼儿园的孩子,无论这些孩子有没有相关的生活体验,都在被"征用"之前强制快速植入"经验"。

评比当天,虚假的一个个活动则组成了一场"表演秀"。上课的老师只是为了听课的评委而上课,参加公开课的孩子则成了那天所有上课老师的"道具",一个上午轮番被上课,少一个都不行。

评优课,被赋予了太多附加的价值,认为它能反映一个幼儿园水平的载体,成为一位教师发展的敲门砖;评优课,被赋予了过高的期望,过于注重形式,误导了教师对教学的关注点,也制约了教师能力的发挥;评优课,最终脱离了教育的主体——幼儿,不切实际的内容无视这些幼儿当下的学习意愿,过于强调教学技艺的环节设计,往往脱离了普通孩子的实际学习情况。

2. 教育的狭隘性

当灌输式的"教学"作为覆盖学习,获取"信息"的唯一目的,所有的学习活动都被隔绝于"园内",那课程就被禁锢在牢笼里,无法滋养孩子们的身心。

(1)学习即"教学"

现象一:一提到"教育",有些人就会与孩子的"学习"相联系,而一提到"学习",大多数人就将"教学"与之紧密相连。可见,作为广大应试教育的经历者,很多人容易将"学习"与"教学"混为一谈。例如老师在安排孩子们一日活动的时候,往往最关注的就是集体教学活动,似乎一天当中,集体教学活动按预期达成了目标,那么一天的教育重点就基本完成了。有很多家长向孩子了解幼儿园学习情况的时候,也常常通过询问孩子上了哪些课、学会了哪些本领来判断学习的内容与成效。

现象二:虽然,在当前的幼儿教育中学习领域在不断拓宽,其中生活、游戏区域等成为孩子们重要的学习场景。但是,在孩子们多种形式的学习场景中,老师们仍然使用"教"的方式应对孩子的学习。例如沙池游戏中,孩子们想尝试用新搭建的轨道传输物品,于是有的孩子在轨道里放滚珠,有的孩子放水,有的放旁边捡起的树叶,有的抓起沙子往里放,这时的老师会忍不住阻止孩子"不适宜"的行为,并"教"孩子哪些可以、哪些不可以,给予孩子的犯错的机会就此丧失。

但其实学习不完全等于教学。人类社会本身就是一个开放且相互联系的体系,因此新观念下的学习,实际上是一种需求侧的改革。

首先,学习内容不应统一制订,学习应该是以孩子自发兴趣、内在需求为导向的,孩子们感兴趣的话题不同,观察事物的侧重点不同,所选择的学习方向与内容自然就不同;其次,孩子们的学习特点不同、个性不同,所需要的学习节奏、学习方式、支持互动的策略也不尽相同。

(2)目标重"认知"

传统的教育往往会把"信息"和"知识"、"记忆"和"应用"、"懂的东西多"和"有见识"混为一谈。引用公众号上的一篇文章:

对于一个接受了16年标准教育的人来说,假定他能活到60岁,那他几乎花费了人生四分之一的时间全职进行学习。他能背古文诗词,能计算各种数学题,知道各大历史事件的时间点……而这些,搜索引擎可以在几秒之内找到答案。这就意味着一个人花了16年人生黄金阶段的时间,去掌握了计算机几秒就可以搞定的事情。

未来的时代,信息的获取手段将变得非常多元。如果教育只偏重于"认知",那么教育就成了变着法通过教学识记、反复练习的过程。而孩子更需要具备的是发现与解决问题的能力、甄别信息的能力、与他人合作的能力、实现自我价值的能力。

(3)活动限"园内"

传统的教育机构往往很善于将孩子与外界真实的世界隔离,让他们在一个不真实、不完整的空间里生活与学习。

如果我们将孩子们在幼儿园的三年时间做一个划分,就会发现,大部分孩子在教室内的时间远超于在户外的时间,而在园内的时间也远超于在园外的时间。大多数孩子在园三年往往只限于"班级"活动,仅仅与班级的三位老师和三十余名孩子产生关系。

如果我们将孩子们三年经历的主题活动进行重新审视,虽然三年中孩子们会接触二三十个主题或项目活动,但往往大部分内容还是在园内通过间接经验获取知识。他们通过主题了解家乡的美景与美食,但很少去实地参观,感受景致带给视觉与心理的冲击。他们通过主题了解季节的变化,但很少花时间去发现每个季节赋予这座城市的美。

人类是在交互的过程中不断学习与提高的,这意味着孩子们的生活与学习需要打破幼儿园的界限,让更多的人、事、物卷入其中。而将幼儿园隔离于世,就让课程受到了束缚,没有丰富的课程资源,幼儿园课程便失去了滋养孩子心灵成长的价值。

 二、破难:没有"幼儿园"的幼儿教育

没有"幼儿园"的幼儿教育,换句话说,就是在面向真实世界的社会化学习中,对幼儿园本质的追寻。幼儿园依旧存在,但它一定是以"儿童为本"的思想为核心的,它意味着学习的资源、素材和场景将有更广泛的来源;孩子们对教育空间、教育内容拥有更多选择的权利;老师们则对每一位孩子的经验获得有更清晰的体察与关注。

(一)被撬动的教育空间

教育空间不仅为孩子们提供了接受知识和生活的场所,更提供了认知、情感、身体机能成长及社会交往等方面发展的重要空间。因此,孩子们应拥有更多对教育空间的参与权、管理权,享受园内外无界限的学习资源,也应在真实自然的情境下不断地经历、自发地学习。

1. 无限的延展

每当我们回忆儿时的成长时光,能够回忆起来的最快乐、最有意义、最难忘的事情是什么? 往往都是跟伙伴们一起在教室外经历过的那些事:一起尝试新游戏,享受过程中的快乐;一起经历烦恼,想各种办法解决;一起尽情地撒欢、发现与探究……这所有的一切便是成长。所以,幼儿园的教育空间一定不要仅仅局限在教室、园内,而应该无限向外延展,更多的社会角色、社会资源都应该纳入幼儿教育中来。

（1）没有"围栏"的教育

儿童地理学认为，以往的幼儿园教育空间充满了成人的规训和孩子的抵触情绪。教室里座位的安排，区域的设置，公共环境中各个角落的规则、功能等等，这一切就像无形的"围栏"。成人将幼儿园的教育空间进行了想当然的切分，学习、生活与游戏空间的转换被固化，孩子们被长期圈养其中。因此，要让孩子真正拥有教育空间的自主权，那就要拆除这些"围栏"，弱化成人的控制意识。

没有"围栏"的教育空间，到处都可以成为孩子们的"研究中心"。无论是走廊、转角或者空余的房间……当孩子们想了解食物中的纤维、蛋白质、色素的时候，生活操作室便成了食物研究空间；当孩子们想了解动物冬眠的奥秘时，公共的房间就摇身变成了"冬眠旅馆"，里面入住了乌龟、蜗牛等小动物，孩子们对冬眠的研究就在每日的跟踪观察中不断深入。在拆除"围栏"之后的空间里，一群孩子在一个地方，围绕一个感兴趣的内容展开探究活动，这些地方就成了孩子们自己建造的一个个"研究中心"。

没有"围栏"的教育空间，到处都可以是孩子们的"生活栖息地"。今天阳光明媚，那就在大草坪上展示起下午茶点，顺便了解欧式下午茶的各种特别之处。中午，我想跟好朋友睡在一起，于是寻找合适的午睡地点、打造适宜入睡的环境。拆除"围栏"之后的空间到处弥漫着真实生活的气息。

（2）走进社会的探索

社会化学习不仅仅局限在幼儿园，只有打破幼儿园与社会的界限，丰富的社会资源、社会角色才能进入教育的舞台，让孩子们真正读懂世界这本百科全书。

走进社会的探索，可以是孩子们基于"研究中心"问题情境下的活动延伸。当孩子们在探寻地底下的奥秘时，外出的探究就有了走进农场与根茎类的植物交朋友，到地铁的控制中心了解地下交通的设计与运作，去污水处理场参观、了解水管里生活用水的出处；等等。基于真实问题的探寻，让幼儿园与社会形成了紧密的联结与互动。

走进社会的探索,可以看成是孩子们一次次的旅行,例如每个月的园区串门日、每个学期自定的游学。旅行的过程不仅仅是看风景,还包括出行前的外出计划、讨论筹备、线路查询,旅行中的行为规范、社交、趣事记录、应对突发事件等,这对孩子而言,整个过程就自然黏合了各种能力的学习。

(3)纳入家庭的学习

家庭,是孩子们生活的第一大环境,耳濡目染、亲情交流,带给孩子们的成长力是巨大的。只有纳入家庭的学习,才能实现孩子们成长环境的全覆盖。

纳入家庭的学习,是一次次"家庭会议"。以往家庭之间的亲子互动都是靠父母的习惯在维持,家长主导观点与意见、直接要求孩子如何做是常态。而家庭会议则通过一个议题、一位主持、一轮完整的表达、一场仔细地聆听……很好地建立起了民主、平等、融洽的家庭互动空间,从而让家庭成员的真实需求被看见,让孩子们的话语权被尊重,让亲子互动的方式被确立。

纳入家庭的学习,是一轮轮"合伙学习"。以往家长们经常会问孩子你在幼儿园学了什么?大家会习惯性地认为,学习是教育机构的事。其实,孩子们在幼儿园之外有大量的家人共处时间,并且不同的家长、众多的领域隐含着大量的学习资源。因此,将每一轮探究大主题下的一个个探究清单面向家庭发布,让家庭成员共同选择探究主题、共同收集相关的探究资源、共同亲历幼儿园外的探究内容,使其家庭成员自然成为孩子们学习的合伙人。

2. 无痕的融合

仓桥物三在《教育的真谛》里提到"生活如水、幼儿如鱼",教育的理想状态是。打造真实、自由、无边界的生活、交往与学习环境,能够唤起孩子们的专注、创造、灵动与热情,能够诠释"教育的真谛"。

(1)打破"龄界"的真实生活

班级里不再有事先用年龄筛选过的同伴,而是一群不同年龄、不同性格的孩子们自然聚集在一起更为真实的生活。

这样的生活温暖而向上。蒙台梭利认为："5岁幼儿的心智比我们更接近3岁幼儿的心智,他们之间存在着一种精神上自然的渗透作用,使幼小的孩子很容易学会那些我们难以传授的事物"。于是,在3岁孩子刚入园的那段时间,你就能看到混龄班的哥哥姐姐们忙碌的身影,变着法地安慰弟弟妹妹:博得他们一笑是哥哥姐姐们一致的目标。为弟弟妹妹安排一个可以开心如厕的"香喷喷厕所";给弟弟妹妹打造一个最美的"游戏小屋"……大带小的天然呵护,让小班年龄段的孩子们情绪稳定地度过了第一次分离焦虑期。这就是混龄环境的生活,充实,温暖,向上。

这样的生活复杂但真实,混龄实质上就是给孩子们建立了一个真实社会的团体模型。真实的社会有美好也有无穷的挑战,当哥哥姐姐不愿意总是带着弟弟妹妹一起行动时,低龄孩子们需要用不断变化的方式让自己被接纳;面对的对象既有哥哥姐姐也有弟弟妹妹的四五岁的孩子,他们需要尝试适合的方式,灵活地转换角色身份,从而去协调好彼此的关系;而身为哥哥姐姐的大孩子们,则要相互竞争、不断进步,保持着我能、我行、我可以掌控的"领导者"形象。这样的生活环境并不一定和谐,但它的不完美恰恰就是真实的生活。

(2)没有"班界"的自由交往

2000年,英国教育界率先提出了无边界教育的概念,将无边界管理理念应用到班级管理中。①打破班级之间有形与无形的壁垒和边界,可以通过模糊班级界限,增进各方面的融合,通过模糊角色边界,增进交往与互助。

没有"班界",让孩子们走遍全园结交朋友。拆除了教室的门,整个幼儿园就成了一个大教室,能为孩子们每一天的生活增添许多邂逅友谊的惊喜。晨间锻炼中,大家发现了一位"运动小健将",于是一群"小迷弟"便被吸引着每天早早地在门口等候着大哥哥,一起开启一天的快乐时光。"她很像我家里的小妹妹,连声音都很像,所以我很喜欢带着她一起玩。""哥哥,你知道好多好多知识,你好棒,我想跟你做朋友。""听说,

① 常燕.无边界管理理念在班级管理中的应用研究[D].上海:上海师范大学,2009.

他们班开了一个汽车博物馆,我们想去这个班玩一玩"。于是这个班级今天多了很多孩子……就这样,全园的孩子们彼此欣赏、跟随、亲近和挂念,共同编织出了一张交际网,这张网的支线每天都在变化,每天都在丰富,每天都在点燃孩子们对生活的热情。

没有"班界",让孩子们享受全园老师的"本领"。拆除了教室的门,每位老师就不仅仅归属于那固定的一个班级了。孩子们开始有更多的机会认识幼儿园里所有的老师和职工。每天早晨,找不同的老师一起晨锻,就成了一件值得期待的事情。"T老师很厉害,我每次都想跟她比赛,比赛太刺激了。""Z老师是像魔术师一样的人,每天她都会变换游戏让我们锻炼,太好玩了。""中午,我能听到温柔的W老师给我们讲睡前故事。""下午,我能在像百灵鸟一样的C老师的歌声中被叫醒。"……就这样,每位老师呈现出来的各自不同的个性,让孩子们感受到了丰富的生命状态,理解到了生活的多样性。

(3)跨越"领域界"的整合学习

很多在传统学习中被忽视的"软技能",如解决问题的能力、沟通交际的能力、批判及创造的能力等,才是孩子们真正要学习与发展的核心。因为学习本身就应该是社会化的过程。跨越"领域界"的学习,实质上是跨过仅强调知识、技能、记忆的学习,进一步向能力素养培养迈进。整合性的学习与实践是不断调取、迁移、运用各领域知识、技能的催化剂,同时是共建一个"好社会"的过程。

跨越"领域界"的整合学习,有时是以"问题为导向",围绕"解决"问题而展开的一系列探究性旅程。孩子们从不同的探究角度,运用不同的工具和方法,不断投入思考、计划、实践、调整、再实践,去寻求答案、解决问题。

跨越"领域界"的整合学习,有时是以"兴趣为导向"、围绕"了解"某一主题而展开的持续自发探究的过程。孩子们围坐在一起,基于某个共同的兴趣点,强烈的好奇心与求知欲相互碰撞,自发产生了一系列想要获悉与探究的内容。他们自由选择和谁、去哪里、通过什么方式、用多长时间去投入观察与探究。

(二)被看见的儿童形象

每个孩子都是一颗独特的种子,它有自己的成长环境、成长方式和成长样貌。所以,理想的幼儿园,就是每个生命的形象都被重视、每个生命的力量都被展示、每个生命都能成长为他们该有的样子。

1. 是有一百种样子的

瑞吉欧幼儿教育创始人马拉古奇写了这样一首诗:"孩子,是由一百种组成的。孩子有一百种语言,一百种双手,一百个想法,一百种思考、游戏、说话的方式……"①

(1)每一个孩子都是独特的个体

"最新的科学研究发现,孩子的混乱天性为人类的可进化性做出了特有的贡献,混乱的天性所形成的就是每一个独特的孩子。"②

孩子多姿多彩的性格就是最好的例子。首先,孩子的不同个性特质源自不同的基因,基因的细微差异就好比给每个孩子不同的编码,使其在源头就不尽相同。再者,基因与孩子成长环境之间的相互作用,更进一步促成了不同孩子性格上丰富的变化。整个相互作用会受很多因素的影响,例如胎儿期的影响、后天的转变、事故、疾病,哪怕是同一个家庭中的双胞胎,也会因为性格的差异而获得不同的教养态度或方式。所以,每一个孩子都是独特的个体,是人类进化的必然。

而每个迥异的个体,则促成了人类变化和探索能力。比如,当我们让孩子们用一种动物形象来表现自己时,就能看到一整面墙的"动物世界":有的孩子认为自己是一条安静的鱼;有的孩子认为自己是只永远精力旺盛的老虎;有的孩子因为爱唱歌,认为自己是只声音动听的百灵鸟;有的孩子则因为自己超强的运动能力,认为自己是头矫健的猎豹。当再走近一步看这整面墙的"动物世界"时,我们还能看到色彩艳丽的花蝴蝶、线条极简的蜗牛、精心雕琢的小猫等。孩子们的个性不同,其绘画时

---

① 屠美如.向瑞吉欧学什么:《儿童的一百种语言》解读[M].北京:教育科学出版社,2002.

② 艾莉森·高普尼克.园丁与木匠[J].阅读,2020(3):65.

的笔触、线条、色彩、风格就大不相同。此时,我们会不禁感慨,是啊,每个孩子都有其独特的自我认知,拥有充满能量的内心世界。

(2)从关注年龄特征走向关注每一个孩子

在各个年龄阶段中形成的一般的、典型的、本质的能力发展与心理特征称之为年龄特征。对照相应的年龄特点来开展教育活动,已经成为所有幼儿教育工作者从教的重要准则。因此,当他们展开一系列关于《3—6岁儿童学习与发展指南》《学前儿童五大领域学习与发展的核心经验》《各阶段幼儿发展敏感期》《儿童发展观察评估指引》等内容的学习,并了解各领域发展目标、典型性表现及发展进程后,一度以为自己能够科学有效地展开有质量的教育活动。

但其实,正因为每个孩子都是不可复制、独一无二的个体,我们更要以辩证的角度去看待孩子的年龄特征。它具有一定程度的稳定性,也具有极大的可变性。因此,真正好的教育还应该从关注年龄特征的粗略框架,走向对每一个孩子学习与发展进程的理解。

因为只有关注每一个孩子,才能发现每个孩子的发展优势。某些小班孩子的某项能力可能会超越大班的孩子,某些大班孩子的某些方面可能需要像引导小班孩子那样去加以重视。只有关注到每一个孩子,我们才能全面地读取他的成长密码,用不同的方式去匹配他的性格,形成个性化的支持。

2. 是鲜活有能量的

当我们用爱与欣赏去面对孩子的时候,他们会迸发出无穷的力量,带我们走入一个个未知的世界,认人并为之惊叹。

(1)哲学家:大道至简的奇思

为什么说孩子是天生的哲学家?当你俯下身去观察他们的时候,你会发现他们对这个世界充满了好奇,他们无时无刻不在探究新事物,他们时不时地会从成人意想不到的角度提出哲学式的问题,他们还会对很多事物和现象产生独特的观点。

一段来自小面包和老师关于"地底下"的对话:

小面包:"老师,我们的地底下有什么?"

老师:"地底下有土层,会住着小动物。"

小面包:"那土层下面又是什么呢?"

老师:"可能会有地下水,用于我们的生活呀!"

小面包若有所思地看着老师。

老师:"其实,我们的地球分为地壳、地幔、地核。"

小面包:"老师,不是说我们的地球是圆的吗? 那我们可不可以一直往下挖,做很多长长的通道,以后我们就能很快到地球的另一头了呢!"

一段来自马修斯收录的四岁的克里斯汀与爸爸之间关于"颜色"的对话:

克里斯汀在自学使用水彩画画的时候,对一旁的爸爸说:"爸爸,世界全是颜色做的。"爸爸喜欢克里斯汀的假设,但他认定有一个难题:"玻璃怎么办?"克里斯汀想了一会儿,然后坚定地声称:"世界是由颜色和玻璃一起构成的。"①

从以上的两段对话中,我们可以看到孩子们有时候像极了优秀的哲学家,比如他们有独到的思维逻辑,当假设一旦遇到反例,那就把反例合并到假设里。他们对于事物和问题总是保持着创意,没有成年人诸多的顾虑。儿童的哲学式思考对于亲耳听到的父母和教师是值得深思的。

（2）艺术家:每一件作品背后都是一个故事

为什么说孩子是天生的艺术家? 当你去倾听他们对自己作品的诠释时,你会发现孩子们天生都拥有创作的能力。他们思想自由、视角独特,不受外界评价的局限,他们的创作手法朴素、简约、直接且稚嫩,不刻意也不功利。

---

① 加雷斯·B·马修斯.童年哲学[M].刘晓东,译.北京:生活·读书·新知三联书店,2020.

作品:春夏秋冬(见图1-1)。

图1-1　抽象画——春夏秋冬

　　我画的是春夏秋冬,我喜欢每一个季节,红色代表夏天的炎热,黄色代表秋天的果实,蓝色代表冬天的冰霜,而黄蓝色碰撞变出的绿色则是代表春天的小草。每个季节都会存在好长一段时间,就好像长长的一条线。而每个季节总是会相互连接在一起,反反复复地出现。

——作者阿澈自述

　　(3)发明家:天马行空的想象与创作

　　为什么说孩子还是天生的发明家? 当你放手让他们尽情发挥自己的创造与想象时,你会发现孩子们个个都是活跃的创造分子。本能的创造冲动、自我实现的需求,或者是对社会的天然责任感等都会激发他们的创造动力。

图1-2 "两米高的万能机器人"创作设计稿与实物创作场景

我们创造的"两米高的万能机器人",首先是个医生机器人,它手臂里设置了能满足各种手术所需的手术工具,能随时随地给病人最棒的手术治疗。它还是一个飞行战士,它的背上设置了随时能够展开的飞翔机翼,胸前的各种按钮可以调取各种威力十足的武器,有它在身边,大家就会非常安全。最后,它还是个音乐达人,头上的卫星天线使它能够唱各种歌曲、跳各种舞,只要用语音告诉它,它就可以跟你一起唱歌跳舞。

——五人设计组共同介绍

(三)让学习和成长成为孩子自己的事情

一所真正意义上的幼儿园,要让孩子们能够获得成就感与满足感,要让他们实现自主与自由。换言之,就是让孩子们用自己喜欢的方式学习与生活,实现自己成长的梦想,享受这一生中不可复制的三年!

1. 幼儿有能力且渴望用自己的方式学习

回忆童年经历时,我们会发现,恰恰就是因为很少受到成人干预,小时候的我们总是能够尝试完成各种"壮举"。比如在小溪边研究捕鱼的方法,我们会先在竹篓里放进一些石块,给小鱼设置陷阱,接着小伙伴们光脚丫、卷裤腿,在距离陷阱几十米的地方踩着溪水、翻动石块,朝着陷阱快走着,将小鱼赶到陷阱里。捕了鱼之后,我们又会在小溪边的石滩上就地取材,用石头垒成小灶台,寻柴生火,煮上一锅鱼汤。最后,小伙伴们围坐在一起细细品尝鱼汤,那汤汁中蕴含的鲜香、满足的味道到现在我们都能清楚地记得。

可见,孩子们一直不缺乏计划、探索、解决问题的学习能力,他们渴望在充裕的时间里,在较少的成人控制下,用他们的方式游戏且学习。

2. 学习可以是幼儿自己的事

曾经,孩子们想在幼儿园"表演中庭"里建造一个更衣间,于是他们开始画设计图纸、建造1:1模型、分小组包干、动用大锯切割木料、搭脚手架装钉、寻找透明材料封窗、最后拿大板材封顶……炎热的六月,每天上午两小时的施工,日复一日地挥汗坚持,一次次的调整重建,这支自发组建的施工小队,最后让全园的孩子们拥有了一个"豪华"的更衣室。

所以,儿童教育应该有这样的场景:当孩子们与外界环境相互作用时,会产生各种想法,于是,他们试着发起、行动与实现。当学习成为孩子们自己的事情之后,强大的内驱力会自然地促使孩子们动手、动脑、坚持、合作,而老师可以做的,就是帮助他们实现自己的愿望。

第二节　改造与塑造的思辨

教育亟须一场深刻的观念变革，以面对现实和未来的挑战，只有通过"第一性原理"思维，透过对教育本质的分析，找到需要突破的根本点，才能重塑教育的新范式。

联合国教科文组织于2015年发布的《反思教育：向"全球共同利益"的理念转变？》中提出：教育不是思考我们应该给儿童留下一个什么样的世界，而应思考我们给世界留下什么样的儿童。从塑造论哲学出发，教育塑造不能脱离"主体"，只有将儿童的需要作为一切教育行为的逻辑起点，才能找到教育的真谛。

 一、传统与新兴的碰撞

传统教学习惯、方式、思想始终束缚着孩子们的成长，使他们无从挣脱，导致停滞不前。而"知识工人"已成为历史，接下去的世界需要的是"聪明的创造者"。[1]

（一）教师有"一桶水"还够吗

在传统的教师隐喻中，有着大家再熟悉不过的教师"桶论"之说。所谓教师"桶论"是指老师要给学生"一碗水"，必须自己先有"一桶水"。而当我们已经生活在一个持续创新的社会之中时，传统意义上的教师"桶

---

① 伊恩·朱克斯，瑞恩·L.沙夫.教育未来简史［M］.钟希声，译.北京：教育科学出版社，2020.

论",非常值得我们重新审视。

1. 该充盈水量

"打铁还需自身硬",教师"桶论"中,"一碗水"和"一桶水","水"量上的悬殊,强调了老师必须具备足够的知识和能力。但如今,比别人掌握更多的知识信息已经构不成"量"的优势,因为知识信息早已经成为所有人的共用品,孩子通过网络便能够拥抱知识的海洋。而有能力提出有质量的问题、对信息进行批判性的分析、利用信息知识有效解决问题,才是"量"需之所在。例如,当老师和孩子们在研究地底下的生物时,孩子提出了"蝉"是如何在地底下一点点成长的问题,老师面对自身未知的领域时,不仅可以趁机补充自身"水量",更可以与孩子们一同经历补充"水量"的过程。所以,现代教育更应强调老师储备更多帮助孩子学会学习的观念"量"、方法"量"、能力"量"。

2. 需注入活泉

使"桶论"有现代教育的价值,还要改良这桶水的"水质"。当今社会,知识和信息"折旧"的速度在不断加快,如果教师拥有的"水"是一潭死水,不循环、不更新、不流动,那么哪怕教师能够超量蓄水,它最终也会变味、变浊、变质。由此可见,现代化教育中的教师应具有对信息变化更迭的敏感性,应始终保持对学习的兴趣,应努力进行信息的互联与运用。例如,当孩子们在观察地球仪,有孩子在介绍地球仪上的箭头是洋流时,老师应该保持对孩子话语体系的兴趣和敏感性,及时让自己注入该知识的活泉,参与到孩子们的交流中,如此一来,生活中便处处有了课程。所以,需要让充满活力的泉水,永葆老师思维的活力。

3. 要改变灌输

教师"桶论"还突出了老师知识传授的方式:"倾倒""灌输"。简单"说教"式的灌输,往往会出现看似倒了,结果全洒在了外面,孩子们收获甚微的情况;强势"大一统"式的倾倒,则往往会出现一厢情愿的尴尬境地,有一群孩子会成为"外围分子",令你倍感无助。现代教育更强调尊重每个孩子的学习兴趣、学习方式的差异,每个孩子都应该享受属于自己的成就感与幸福感。例如:有些孩子特别外向,他就很享受和同伴一起交流学习;而有的孩子则比较内向,他喜欢用自己的节奏,细细观察、慢慢熟悉,让孩子把事物了解得很透彻。因此,现代化的老师应改变传授的方式,时而像"滴灌"一般,润物细无声地在孩子们需要的时候给予学习的支持;时而像"洒水壶"一般,为每个孩子设计一个不同的学习通道,让他们能够根据自己喜爱的方式深入学习……

(二)"上课"真是最佳的学习方式吗

一说到"上课",我们脑海中便会出现孩子们五花八门的"上课"内容:游泳课、自行车课……甚至看到跳绳都有一整套所谓的"系统"的排课。时常可见孩子们在进行游泳"上课"时有这样的现象:通常开始的几节课就是让大家在池边双腿打直干巴巴地踢,或是双臂练习滑啊滑,一旁的老师则"循循善诱",边讲解要领,边帮助调整姿势。就这样花大量的时间在岸上重复某段基本动作的练习,外加一小部分时间试水,进行所谓"干湿分离"的游泳课。

可是试想一下,孩子们真的能在课程结束时自主地游上几十米吗?能够轻松自如地在水中沉浮换气、享受与水相融的乐趣吗? 可能更多的是孩子们就在这样了无生趣、模式化的"上课"中耗尽了起初对游泳的热情吧。

我不由得想起《芬兰教育》一书中作者提到的"先见林,再见树"的芬兰教学特色[①]。基础游泳班不是一直强调学习自由泳、蛙泳的"标准"动作,而是让孩子和成人都在开明、轻松的情境下"玩水",在水波中浮沉自如、快乐嬉水,自然而然体会到将头钻到水里、试图把身体浮在水面的乐趣!

这样的"上课"如果放在传统教学的评课会上,是不是会引发家长、甚至教师自身的质疑,没有动作要领的示范、讲解、分解、练习,会不会太偷懒了? 会不会浪费孩子们的时间? 动作不标准该怎么纠正? 但这种看似不严谨的教学,却能让孩子们真正爱上游泳、愿意尝试各种水上运动。这就是自主性"玩乐"教学的价值所在。

[①] 陈之华.芬兰教育全球第一的秘密[M].北京:中国青年出版社,2009.

在这里我们并不是真正意义上要否定"上课",而是反对教育追求和模式化的教学环节中的功利短视行为,反对忽略孩子的兴趣和需求、"刻板化上课"的形式主义。善用"先见林,再看树"的"上课"模式,能让孩子在渐进式多元化的教学中,看到事物的大致面貌,从而点燃他们持续学习的兴趣。当他们自发产生探究的热情时,我们再将需要钻研的"树",以合适的方式栽种到每个孩子心里。

(三)年龄差异还是实施教育的最有效标准吗

目前,传统的幼儿园基本上都采取分龄的形式,将孩子按年龄划分成小班、中班、大班,方便老师每天都有集中的时间开展教学活动。所以不同年龄特征便成了我们自认为实施教育最有效、最重要的评价标准,而这些标准不过是由幼儿园的编班制度产生的。那么,分龄编班真的是孩子们成长的绝佳环境吗? 将不同年龄段的孩子们安排在一起学习和生活,我们将能看到更大的惊喜。

1. 混龄可以帮助孩子建立自信

亨利·福特说过:"如果你认为你确定能行,你就能行,如果你认为你确实不行,那你就不行。"在同龄环境中,孩子们最不缺的就是竞争。在集体性的教学活动中,那些更适应于该学习方式的所谓能力强的孩子,会被反复表扬而备受关注,而那些所谓能力弱的孩子则经常会被拿出来对比,或被老师教导、忽略,逐渐形成自卑的性格。而在混龄环境下,小年龄段的孩子会经常向大孩子们求教,一方面大孩子要不断思考和完善想法来解决问题,另一方面小年龄段的孩子在被帮助后表现出的认可、依赖之情,也会让大孩子们更加获得自信。而小孩子也不会因为暂时的"无知"感到羞愧,更多的是获得与同伴共同解决问题的愉悦感。

2. 混龄营造了更复杂的社会化学习环境

成人的世界不可能只跟同龄人社交,每个人势必要在一个复杂的人际关系中生存,所以,同龄编班实际上是给孩子营造了一个非真实的生活环境,这样的环境无法带给孩子们更多的社会化学习。而混龄则实质上给孩子们建立了一个模拟真实社会的生活环境,这里有哥哥姐姐、弟弟妹妹以及同龄的伙伴。三年里他们要经历这些身份的转换,也要经历一次次适应、融合、相聚、离别……这种更为生态、复杂的人际交往环境,可以不断刺激孩子们为更好地适应做出行为方式调整,并在将来的每一个新环境里更加游刃有余。

3. 混龄为孩子们提供了多元的学习支持

混龄环境中,孩子们的学习不再以班级教师为中心展开。我们可以看到小孩子因观察、模仿大孩子,随时随处发生学习场景,"你是怎么把拉链拉上的?""能不能教我用剪刀?"学习在生活场景中自然而然地发生与发展,多元化的学习榜样,实现了更多样化的学习。而大年龄段的孩子也在始终成为榜样、被求助的过程中,不断保持着对事物学习的积极性,让自己一直拥有领导者的形象。

二、进与退的两难

未来教育的实践方向、实践的样板具有不确定性,现实的教育却在固有的范式中停滞不前,无法很好地带领孩子们自信地拥抱未来。在"迷途"中,是迎头而上还是踌躇犹豫呢?

(一)可见的教育范式和不可预见的未来

走在现代化发展的道路上,时代的发展总会让新的矛盾点浮现,当下教育长久固化的范式与极具颠覆性、挑战性的未来之间的矛盾也在不断凸显。

1. 目前教育范式的模样

"范式"是人们对现实的基本假设,这些假设隐藏在我们的潜意识里,成了我们决策与行动的前提,它决定了这个领域目前的形态,并直接决定了这个领域的发展速度与方向。[①]所以,范式就像是种植用的土壤,土壤不改变的话上面种任何品种的植物都不能存活,更不可能展现出人们期待的样子。

---

① 顾远,周贤.教育3.0[M].北京:中国纺织出版社,2022.

那么目前教育的范式到底涵盖了什么基本假设呢？首先，教育就是在学校里进行的，其次，教育就是分领域、分年段展开的系统的知识学习，然后，教育是围绕着一个知识权威经过传授而习得知识的过程，还有，教育是需要大量反复练习，并通过一个标准化的测试来评判的。

2. 不可预见的未来

尤瓦尔·赫拉利在《未来简史》[①]中对未来做了预测。

科学技术的发展将颠覆很多我们当下认为无须佐证的"常识"，比如人文主义所推崇的自由意志将面临严峻的挑战，机器将会代替人类做出更明智的选择。拥有大数据积累的外部环境将比我们自己更了解自己，甚至在人工智能不断进化的过程中，人类核心素养的培养论也会被其替代。人类将面临从进化到智人以来最大的一次改变，绝大部分人将沦为"无用的阶级"……可见从大的实践尺度上看，我们对未来的预测结论就是未来已经不可预测。

面对一个永远无法完整预测的未来世界，我们需要重塑教育的培养目标、重塑教育者心目中对孩子们的形象、重塑教与学的样态，最终让孩子们自己持有学习罗盘。即使我们追求的未来有多种可能性，但我们都能从容而幸福地面对。

(二)可见的评估"标准"和不可预估的儿童潜能

如果把评估"标准"作为一个遵照的"模板"，然后以这份"模板"去了解孩子，那么我们会渐渐发现自己总被"孩子们行不行""对孩子来说难不难"的问题所困扰；而当我们抛开"标准"去观察孩子时，却发现孩子会给你带来意想不到的惊喜。那么评估"标准"与发现儿童之间又存在何种矛盾呢？

1. 精确的评估"标准"

关于评估"标准"，通常被认为是权威、不可动摇的，因此老师就视它如"尚方宝剑"。然后，便有了后面一系列的"纠结"操作，有的拿幼儿的表现去套评价标准、套上一个是一个，套上了便高枕无忧，没套上那就刻

---

① 尤瓦尔·赫拉利.未来简史[J].华北电业,2017(3):1.

意练习。有的则纠结自己每一次的评价是否精准,在观察中出现一点偏差就认为自己的评价不够科学,从而在"标准"的定义上左右揣摩。

关于评估"标准",通常我们还会将它视作测量的工具。幼儿园里层出不穷的评价表格,大同小异的评价指标,以及评价的方式基本上通过简单的"√""×",统计一个行为出现的次数,给孩子一个结果性的评价。

2. 不可预估的儿童

抛开"标准"再去看孩子,我们会发现100个孩子有100种样子。有的孩子虽然是小班,但他在社会性学习中的敏感性与洞察力都超出同龄人水平;有的孩子在某一领域特别擅长,而在某些方面就是个需要帮扶的困难户……所以,真实的儿童是动态发展、各有所长、独一无二的。

由此来说,对儿童的评估目前存在着错误的价值取向。首先,对孩子的评估不应该简单地用"次数""达标标准"来衡量,更不能只停留在对认知水平的评价上,而缺失对情感、能力、价值观的评价。其次,对孩子的评估就应该是测不准原理,评估本身就应该是动态的、真实的。只有结合了自下而上、从"看孩子"身上去不断修正所谓的"标准",才能让我们明白评估工作的意义是了解孩子、不受困于孩子、释放孩子的能量。最后,针对孩子的评估应该是全面完整的,它应该纳入核心素养、能力发展等范畴。只有从一个完整儿童的视角去看待孩子,才能最终让每个孩子得到更好发展。

(三)真的不能被打破吗

基于以上两种矛盾,我们发现目前的教育范式已经不能培养可以适应未来的人,目前的评估视野难以推动教师的自我反思,从而不能激发孩子的发展潜能。所以,解决矛盾、提出一个破除的方案势在必行。

1. 学习在墙外——打破学习时空场域的限制,学习可以在任何地方、任何时间、以各种各样最适合的形式进行。

2. 能者即老师——打破教与学的二元对立关系,让更多的人参与到教学过程中来。

3. 世界是我的——学习的内容不仅限于教学参考书里面的某几个

主题,真实世界里的各种事物都可以是学习的素材,全世界都是学习者的学习资源。

 ### 三、完美与完整的抉择

教师看到完整的孩子,孩子也能看到完整而非"完美"的教师。他们真诚、谦逊、自信、投入……教师不再高高在上,孩子们可以挑战教师的权威,他们在共同生活、共同学习的过程中贡献自己的力量,也能发现自己的不足。

(一)孩子心目中"神一般"的老师

教师想做孩子们心目中完美的"神",于是,便多了一些刻意、高控、不敢……其实,所谓孩子们心目中的"神",不是什么都会的神,而是不断努力、自我学习和提升的神。

1. 教师想塑造成孩子们心目中万能的"神"

在知网中搜索"理想的教师形象",一共有187篇相关文献,其中频繁出现的几个描述教师形象特质的词有精湛的教学、专业的知识、积极的情绪……这隐含着社会主流对教师形象的期待:专业至上、完美无瑕。教师应该展现出无所不知的形象,教师还是需要隐藏消极情绪、永远保持愉快乐观的形象。而这些主流的"共识"代代传递,深深印刻在大家心里,也印刻在教师自身的心中,这类形象印刻逐渐让师者误以为这就是孩子们所需要的教师形象。

于是乎,老师有时候会像个演员,面对自己教育的对象,尽量扮演一个情绪稳定、无所不知的"神"。久而久之,便出现了这样的情况:我不会的便不敢教、我会的就希望孩子按照我的方式学、我希望孩子认为我是权威、我不希望孩子有过多我能力以外的想法……而这样的想法,既消耗了教师对教育的创造力、生命力和思考力,更忽略了作为教育主体的儿童,没有考虑什么样的教师形象更能促进孩子们成长为一个健全的人。

2. 孩子们需要的是更接近人的"神"

人类是社会化的物种,为了生存彼此建立了深深的依赖关系。《孩子如何学习》一书指出,发展心理学的全新研究告诉我们,我们来到这个世界时,身上已经预设了一系列关于我们和他人是如何相似的根深蒂固的假设。①

理解周围的人,是自身成为某种人的过程中很重要的一部分。孩子们就是在不断了解、模仿、学习身边人的过程中,逐渐形成自己想成为一个什么样的人的画像。所以,目前社会大众与老师自身对于该职业的工具化要求,对"完美"形象的追求,只会让孩子们看到一个不接近现实、有距离、不那么本真的学习对象,从而影响他们对自我的建立。对于孩子们而言,他们更需要有一个能够承认自己不完美,但却能够永葆对世界的好奇心,永远保持着自我提升的动力,并始终愿意为目标而坚持和努力的、鲜活而真实的成长伙伴。

(二)让孩子们看见真实的教师

"真实"才是教育中最有价值的力量。当教师卸下面具、抛开顾虑,在孩子面前更加坦诚、自信、真诚,展现不那么"完美"的形象时,就会看到一幕幕更美好的教育样态。

1. 适当的情绪表达,让孩子学会自我调整

孩子是巨大的感官体,会把周围人的言行举止、情绪、想法、感受都吸收进身心里面,所以适当的情绪信息也需要让孩子吸收和消化。比如大班的孩子可以理解小动物不见了的伤心情绪。在自然角里陪伴小朋友们很久的小兔子死了,教师便与孩子分享:"老师很难过,现在心情很低落,因为我真的很喜欢我一天天养大的小兔子,我今早看到都忍不住哭了。不过我觉得我们的小兔子会在天堂遇见很多同样喜欢它的朋友,我想给它写一句悄悄话,祝福它……"分享过程中,不仅让孩子们看到了老师的情绪,也体会到了老师在情绪中的自我调整,并且坦诚的情绪吐露更让彼此间共同产生了温暖而真实的情感,瞬间拉近了与孩子的距离。

---

① 艾莉森·高普尼克.孩子如何学习[M].杭州:浙江人民出版社,2019.

2. 承认自己不知,激发孩子主动性

在建构区的游戏中,当一个孩子总要将其他孩子的作品推倒时,或有一个孩子在入园时总要站在门厅的大门边张望外面而不肯进班时,老师并没有去批评、干预孩子,而是轻轻地在他们耳边问一句:"为什么呀?"孩子们便会真实、自由地表达令老师意想不到的初衷。而当有一天孩子们好奇地发问"为什么",老师又对孩子们千奇百怪的问题坦承自己的不知,并伴着与孩子们同样的好奇心一起经历一场深度的探索之旅时,我们便会惊喜地发现孩子们会一次次改变你对他们的认知,展现他们的力量。所以,老师承认自己的不知,是为了激发孩子对未知的兴趣。就像黄仕明老师说的一句话:"人是不会改变的,除非他感受到被爱;人是不会改变的,除非他感受到很多尊重;人是不会改变的,除非他被允许不改变也是可以的。"

第三节 瞭望塔上的期待

在理想的幼儿园里，孩子们能够在自然、自由、自在的环境中快乐、专注、深入地玩，能够在和谐、平等、安全的关系中大胆地说、相互地看、共同地学，能够在没有固定评判标准的成长历程中，自己定义童年的模样。

 一、儿童友好的环境

当孩子们能拥有各种机会去大胆创造、勇敢探索，能以游戏的心态在幼儿园宽松的环境里进行互动时，他们将拥有创造与梦想的力量。

（一）处处可玩

首先，幼儿园环境是符合孩子年龄特点的，每一处环境都是能以他们的视角、高度以及他们能够理解的方式进行设计和建造的；其次，幼儿园的每一处环境都是孩子们可以进入、可参与的，都是好玩、能自由玩并且可以持续深入玩的。

1. 可玩的

儿童友好的环境，首先应该有孩子的标签，上面标注着开放度和自由度，标注着针对不同孩子的服务内容，让所有的孩子"可玩"。

（1）开放的环境

首先，开放的环境，即透过儿童视角，打造开放的空间环境。儿童友好的环境是通过不设限的空间打造的，让孩子们能够"自在生活"，打破室内空间界限，园内的每一个空间都是孩子们可以出入及使用的。班班相通,间间不同:不同的班级有不同的文化、不同的班级有不同的资源,班级的互通互联,可以打破固定班级场所的壁垒,让孩子们可以享受在不同班级生活的乐趣。户户相通,层层不同:将教室与户外连通,通过与不同户外空间的融合,让孩子们随时随地享受户内外自然转换中的学习,让幼儿园的每层空间都成为别具一格的"乐园"。处处相通,随处不同:无论是幼儿园的走廊、楼梯,还是沙石、草木,所有的一切都融入孩子的学习与生活,向他们开放。孩子们可以因为探索"昆虫"而遍寻幼儿园的每一处花草,也可以因为探索的话题在各个共同的空间搭建"研究中心"。

其次,开放的环境,即透过儿童视角,构建开放的心理环境。儿童友好的环境还是基于孩子的需求,让孩子们能够舒适生活、自主发声的地方。构建开放的心理环境,园内的每一个空间都透露着尊重孩子的气息。关注儿童的高度,让一切更靠近孩子:以孩子的高度设置班牌、主题墙、料理台、储物柜、挂衣架、可灵活调高的桌椅等。让孩子们平视就能看到的幼儿园、让孩子们不用踮起脚尖也能生活自如的幼儿园,为孩子们建立一个具有安全感的环境。关注儿童的表达,让一切尊重孩子:在幼儿园的很多地方设置"问题板",每个孩子都可以把各种问题记录在"问题板"上,并共同协商解决。每日入园门口的晨间活动选牌处,孩子们提出了"有些班没有及时归还牌子""我们怎样才能知道今天是在户外还是室内玩?""有些手腕牌坏了"等问题。于是围绕晨间活动牌,孩子们便出现了"牌子回收员""修补手牌区""晴雨天挂牌板"等解决问题的行动。再如,在幼儿园很多地方都设置了磁性吸、表征墙,孩子们可以用大量的涂鸦、绘画、一字一音定期表达、更换自己的想法。鼓励孩子们自我表达,到处体现对孩子信任、尊重的理念。

(2)能玩的环境

孩子有一颗"有吸收力的"心灵,他们能从周围的环境和细节中获得大量的感官体验。所以,打造幼儿园"能玩"的环境,让它成为滋养孩子身心不断成长的活泉,成为孩子们的"第三位老师"。而能玩的环境往往具备两个特征。

第一，目的性。每一处能玩的环境，其关键在于它是否蕴含着教育的目的，是否具有经历与孩子成长关联性的思考，即想清楚"为什么要投放""投放什么"的问题。能玩的环境，它能够遵循孩子的发展规律。以主题探究为中心，与主题经验相连接；以五大领域为指引，与学科相融合；以认知为线索，贯穿推进、反思、评估的全过程。因此，能玩的环境，就是从孩子发展的角度出发，通过明确系统的教育目的来联动园内外所有资源，将环境赋予"能用"的发展价值，从而促进不同年龄、不同能力、不同需求的孩子找到自己能够玩的材料。

第二，互动性。每一处能玩的环境，都应体现老师对孩子的理解，又表现孩子和材料互动的兴趣特征，即想清楚"怎么投放"的问题。能玩的环境，能够点燃孩子与环境互动的火花，它拥有美感，秩序井然的环境、清晰可见的材料、真实朴素的质地、开放自由的格局，让孩子亲近自如、备感舒适。因此，能玩的环境，就是从孩子情感出发，通过满足、释放、尊重、激发的手段，不断加深孩子与环境之间的认知，加深环境对孩子发展的互融。

2. 好玩的

好玩！这是孩子们在与教育环境互动后所发出的感叹，它带给孩子们的是一次全身心体验的快乐之旅、挑战之旅、难忘之旅。

（1）自由自在地玩耍

陶行知先生提出要"解放儿童的时间""解放儿童的空间"，就是说要给予他们更多活动的自由，让孩子们在自由选择、自由交流、自由行动的环境中觉得安全、自由、好玩。

自由选择。环境中到处都有促进孩子发展的材料，他们可以很方便地选择自己想玩的材料，不同能力水平和兴趣的孩子都可以自由选择。孩子被允许为选择材料而不断地游走，寻寻觅觅、犹犹豫豫、走走停停的过程就是熟悉的过程、思考的过程、学习的过程。也允许孩子选定一类材料后想用多久就用多久，短时间的摆弄、操作，长时间的跟进、琢磨，突破的过程也是探究的过程、深度学习的过程。

自由交流。孩子们在不打扰他人的情况下，拥有自由交流、自由表达的权利。在进餐的过程中,孩子们可以轻声与旁边的伙伴交流一些随性的小话题,令生活温馨而惬意。在学习的过程中,遇到困难时,孩子们可以自由交流自己的想法;在倾听了成人或者孩子的意见后,也能够补充、反驳、提出自己进一步的思考;解决问题后,孩子们也可以自由交流方法、总结梳理经验、表达体会感受。

自由行动。自由的教育空间还应回归孩子们行动的自由,有"成为自己"的足够空间。当孩子想独处时,一个独立而舒适的私密空间可以供给孩子栖息,让孩子能够面对自己的情绪、善于与自己对话,继而识别与调整自己的情绪。当孩子特立独行时,尊重他们的想法,开辟安全的心理空间,支持他们完成自己的行为。当孩子们想偏离预定的计划时,接纳并包容每一次"意外",认真思考此刻孩子们发出的声音,捕捉"现在"的机会,跟随着孩子们的新计划行动,让最后的探索比预设的更有意义。

(2)深入其中地玩好

好玩的环境,不仅是让孩子停留在简单的愉悦层面,更是支持孩子体验当"好奇被支持、行动被鼓励、探索被发现、困难被克服"后的欣喜,是在不怕失败、坚持努力、同伴合作、获得成功之后产生的愉悦之情,是在不断让孩子们进行深度学习中玩好。

首先,它能触发并维持孩子积极投入的情绪。孩子的深度学习是全身心、整体性投入的学习活动,深度学习的探索活动得以启动并长时间持续,是伴有动机、情感、意志等非智力因素投入的结果。[1]因此,能够让孩子们深入其中玩好的环境,是能够唤起孩子们的好奇心、求知欲、参与愿望的环境,并且能够用一连串的情境性问题,为孩子们持续注入探究燃料的激情。

其二,它能够促进孩子进行反思。从认知层面来看,能够不断进行反思是实现深度学习的重要特征,同时也是提高问题解决能力的重要途

---

① 马伟生.基于深度学习的幼儿园学习场景建构内容与路径[J].教育导刊:下半月,2021(10):5.

径。因此，能够让孩子们深入其中玩好的环境，是一个能够在真实情景中，让他们不断实践尝试、总结梳理认知经验，并且促进孩子不断进行经验迁移、举一反三，逐渐提升问题解决能力。

其三，它能够加强孩子的互动。从社会文化层面来看，孩子深度学习、探索是在充分有效的人际互动过程中进行的，孩子的深度学习是根植于他们所处的社会文化有效建构的过程的。[①]因此，能够让孩子们深入其中玩好的环境，不仅仅能促进孩子与物质环境、材料玩具的互动，更能促进与成人、老师、同伴的互动，如在讨论、商榷、分工协作、操作调整等充分有效的人际互动中，不断加强人际关系、体会团队合作、丰富社会认知、实现问题解决、获得成就与满足。

(二)样样可探

幼儿园的环境都是能激发孩子好奇心、能支持孩子进行深入探究的，也是能帮助幼儿不断学习生活技能、提高生活能力、积累生活经验的，是能和孩子发生互动的。

1. 环境是可被破坏的

"人的智慧是从人的行为开始的，是从人的动作中延伸的。"孩子们更是如此，他们通过大量的行为感知周围事物的大小、颜色、软硬、构造、功能等，获得新的个体经验和技能。因此，幼儿园的环境，应该是可以满足孩子们因为探究的需要而进行拆装、捣蛋、打破等"破坏"行为的。

鼓励拆装。拆装，是孩子们非常喜欢的探究性活动。孩子们往往通过调动五感、运用指尖，不断观察了解事物的内外特征。老师需要鼓励孩子们在生活中进行多样化的拆装活动，例如：户外活动时，孩子们发现脚踏车踏板的螺丝生锈了，导致车子无法活动。老师就让孩子们自主拆下螺丝，用各种方法尝试清洗螺丝，让车子能重新灵活使用。创造条件让孩子们在学习活动中进行拆装探究，例如：在木工活动中，孩子们在做一个会动的车轮，但屡屡失败，于是老师让他们拆解了自己的木工车，对

① 柯祖林.心理工具：教育的社会文化研究［M］.黄佳芬，译.上海：华东师范大学出版社，2007：9.

比其异同,获得新发现,最终完成了一辆可以行走的车子。另外,多次拆装获得的组装规律,让孩子们的自我成就感得到了显著提升,真正的"破坏性行为"也就大大降低了。

满足捣蛋。认清孩子的探究行为,幼儿园的环境就不再只是满足幼儿的看和说,抑或是遵照教师的指令进行操作的场所,它会更为开放和包容地满足幼儿看似"捣蛋"的探究行为。例如:在认识植物生长的过程中,当孩子了解到植物生长需要水和阳光之后,他们便把各种植物的花瓣、叶子、茎、根都分别放在了水培瓶子里观察,满足孩子们看似捣蛋的行为,实则在支持幼儿对理解植物如何生长的进一步探究。再如:雨后的散步,孩子们发现泥巴地、草地、水泥地上都积满了水坑,孩子们的心思可能就会落在"我的脚踩进去会怎样"上,马上付诸行动的孩子可能满身都会是泥和水,但在这个过程中孩子们了解了遇水后泥土、草地的质地变化。

2. 环境是可被模仿的

《3—6岁儿童学习与发展指南》指出:创设丰富的教育环境,最大限度地支持和满足幼儿通过直接感知、实际操作和亲身体验获取经验的需要。可见,环境是幼儿活动中不可分割的一部分,一个可模仿、有榜样示范学习的物质、人文环境,在孩子的生活和教育中起到了重要的作用。

环境处处可模仿。环境隐喻价值的提升,使得幼儿园的环境进一步回归到幼儿意识,让孩子透过环境的模仿,学习实现多方面的成长。首先,透过可模仿的环境,激发孩子的学习能力。环境是一种引导孩子模仿学习的重要途径,例如:科学区每份探究材料中均附上操作流程图,让孩子们通过读图一步步进行实验操作,提升了各种读图能力。再如:主题探究中,教师将每次与孩子讨论的结果梳理成思维导图张贴在主题墙上,孩子们在小组自主讨论的过程中也能自发地以导图来整理意见,思路清晰。其二,透过可模仿的环境,激发孩子的创造性。依据维果茨基提出的最近发展区理论,幼儿园物质环境创设既要关联已有经验,同时也要能够激发孩子超越已有经验,获得进一步的成长。例如:在建构区,当孩子们聚焦在只使用积木搭建房子时,教师及时呈现积木与KT板、罐子组合的房子作品,能够打开混合材料使用的思路,激发幼儿探索及创造的兴趣。

环境中时时有榜样。班杜拉提出,社会学习的一种最常见的方法就是观察学习,应重视榜样示范在幼儿生活和学习教育中的重要作用。[①]首先,老师及成人是孩子的良好榜样。所以,幼儿园环境中的成人必须严格要求自己,从小事做起,用自己的行动来感染和影响幼儿的行为。例如:在学习探究活动中,老师们面对事物表现出的好奇、渴望探究、积极发问、乐于实践的表情、语气和行动,便会自然而然地激发起孩子们探索周围事物的兴趣。我们往往会发现,拥有不同兴趣爱好、个性特质的老师就会形成自己的班级特色,这就是榜样示范的力量。而在一个幼儿园,如果每个教职工也能焕发出对本职工作的热爱、对孩子的喜爱,那么每个人眼中的光亮、有爱的行为,就能够让孩子们每天都感受到生活的意义。其二,同伴也是孩子学习的榜样。同伴的行为更容易被模仿和接受,更能激发孩子们之间的模仿和学习的兴趣。所以儿童友好的环境中,每个孩子的优势都会被发现,都会作为同伴学习的榜样,这是一个相互欣赏的环境,也是一个相互学习模仿的环境。

(三)件件可变

首先,幼儿园的环境不是一成不变的,是随着教育理念的不断更新、幼儿园课程实施的需要、季节的转换以及根据身边发生的重要及重大事件而不断在改变的。其次,每一处环境都是孩子们可以参与管理、去改变和创造的。另外,每一处环境、每一类材料都是由师幼共创并不断改变和丰富起来的。

1. 学习的空间是可变的

让孩子们参与幼儿园每一处环境的管理和创造,这期间环境变化的过程,就是孩子在真实的场景中学习的过程。

----

① 任朝霞.班杜拉社会学习理论及其在教育中的应用[J].山东省农业管理干部学院学报,2004.

　　让孩子参与管理环境,就是将环境的经营权还给孩子。例如:低结构材料收集区经营权的归还,使得孩子们就"收集哪些废旧材料?""如何向全园收集材料?""如何激励大家都来收集材料?""怎么打造漂亮的低结构材料区?""如何分工排班管理区域?"等一系列问题进行了大量的讨论、策划、实践。

　　让孩子们参与创造环境,就是将环境的设计权也还给孩子。例如:孩子们集体投票选出了幼儿园最不好玩的地方,并自发组建了小组,形成了改造计划。孩子们通过参观幼儿园、设计图纸、与设计师洽谈、修改图纸等行动,最终落成了他们心目中好玩的幼儿园一角。可见,幼儿园环境的经营权与设计权的回归,让孩子们的学习空间得到了释放,学习空间不再只是固定在教室等常规意义的场域,而是在整个幼儿园,甚至整个社会的环境空间,同时真实情境中流动式的学习,由此变得更加灵动、真实、有效、深刻。

　　2. 学习的材料是多变的

　　基于"幼儿本位"理念下的环境,应该是一个孩子能够全程参与、动态跟进、师幼共建的良好的学习平台。它能够充分培养孩子的思维能力和学习能力,是促使孩子与老师、同伴不断互动与探究的纽带。打造"幼儿自己的环境",就是打破孩子只是环境的使用者,而非建构者的现状。

　　由少到多的学习材料,师幼共识探究点。从空到满、从少到多投放学习材料的过程,真正实现了孩子们在环境中的适宜性发展。每次孩子们选择了感兴趣的研究内容之后,从少到多的材料投放可以经历两个阶段:第一,空环境的唤起阶段。每个主题下研究基地的建造都是从空环境开始的,在毫无成人参与的空环境中,老师与孩子们发起新的研究话题,通过与他们的第一次交流,毫无阻碍地吸收孩子们对该研究主题的经验点、好奇点、期待点。空环境为的是注入孩子的满兴趣。第二,收集材料的雏形阶段。在孩子们满满的认知兴趣驱动之下,师幼开始各自分头收集与研究相关的材料,有文字信息类的、实物类的、音像类的等等,多元材料的介入,使孩子们在交换信息、补充信息中获得了学习,使老师在进一步倾听孩子心声中明确了研究的雏形。

由多到精的学习材料,由师幼共织探究网。由多到精、由精到深的学习材料投放过程,真正实现了孩子们在环境中的个性化与深度发展。每次支持孩子探索深入、持续时,由多到精的材料投放经历两个阶段:第一,兴趣浓厚的充实阶段。在兴趣的驱动下,孩子们的行动力会与日俱增,为了满足孩子求知欲和好奇心。就需要不断补充材料。例如:在孩子们研究地底下的管道时,提供不同质地、不同接口的管子,各种大小的滚珠等材料,让孩子的兴趣得到激发。第二,问题驱使的精准阶段。丰富的材料、持续的实践,便会引发层出不穷的问题,当孩子们聚焦问题、以问题为导向时,教师精准投放材料,为孩子的深度探究提供保障。例如:孩子们提出乌龟喜欢在什么环境下冬眠的问题后,大家一同收集各种冬眠被、温度计与记录本等,满足孩子的深度学习的欲望。

 ## 二、儿童平等的关系

儿童,是拥有各种权利的独特个体。他们需要在信任、尊重、放权的环境中释放自己的能量。儿童,是主动的学习者。他们有自己的想法、自己的见解、自己的理念,他们可以成为学习的主人,而老师则为其提供情境和陪伴。

(一)儿童是一个有能力、有权利的公民

瑞吉欧教育提到:"不是把儿童仅仅定义为'学习者',而是将儿童视作'公民'。"从公民身份的层面看待孩子时,孩子们便具有跟成人同等的地位,成了诸多权利的拥有者,也能够更为主动地参与到活动中。而当孩子发挥出更大的能量,做出更多的贡献时,大家就自然会把孩子看成一个有能力、有权利的公民。

1. 发展权

孩子有个性自由发展的权利。个性是内在的特质,它的外在表现就是潜能和天赋,而个性发展主要体现在人的个性、才智和身心能力三方面。孩子可以成为什么样的人,除了由先天的遗传因素决定之外,后天的生活条件也起到了决定性的因素。所以,孩子应该拥有展示自己独特

性的空间。在活动和游戏中,每个孩子被允许用自己的方式进行表达和学习,孩子们不被强制使用整齐划一的方式进行学习,也不会因为自己独特的表达而被否定与孤立。老师会充分地了解每一个孩子的特点,并支持孩子做擅长的事情,让孩子们能够在个性自由发展的环境中为自己的独一无二感到自豪。

孩子有人格尊严受保护的权利。人格尊严是孩子身心健康成长的一大要素,他们正处于自我意识的形成期,开始注意到别人对自己的态度,并希望得到身边人对自己人格上的尊重。所以,首先孩子们有很多的机会独立完成各种事情,例如:每天的劳动,学习整理自己的物品、清理生活的环境;每天的自主安排,让孩子们做更多能做、想做的事情,减少包办替代。另外,孩子们拥有更多自己的隐私,例如:孩子们有属于自己的私密空间,有珍藏自己小秘密的"秘密盒"、想独自安静的"私密屋"等等。更多的信任、足够的尊重,让孩子成为自尊、自爱的个体。

2. 参与权

在日常实践中,孩子们的能动性不仅仅取决于老师是否尊重孩子的兴趣、想法和观点,同时也取决于孩子们对自己拥有表达观点和采取行动的权利是否有清晰的认识。

孩子有表达与决定的权利。孩子话语权的具体表现为他们有权利通过各种合适的表达方式发表自己的意见、想法。孩子们首先有选择媒介的权利,文字、图画、语言、符号、音乐等都是他们探索与表达的媒介。孩子们广泛使用各种表达方式的能力远比我们预想的更早、更强。另外,孩子们也拥有讨论和决定的权利。有时候,是成人提出问题,孩子们参与其中做决定。例如:当老师提出选择在哪里进行童话剧表演的话题后,孩子们通过轮流发表意见、说明理由、集体投票的方式来做决定。有时候,是孩子们独立提出问题,邀请老师和同伴一起讨论解决方案。例如:有孩子提出为什么花园里的松果菊迟迟不开花的疑问后,老师和孩子们通过分头查找植物开花的资料、实地勘察、讨论分析来形成几种解决的方案。表达方式自由、言论自由,让孩子的思想不再受到束缚。

孩子有自主探究与行动的权利。教师在日常活动中最大限度地赋予孩子参与的权利，主要的表现方式就是尽量降低教师对孩子活动过程的干扰。在低干扰的环境下，孩子们自主探究的权利能够得到很大程度的尊重，独立的活动空间让孩子们获得长时间的探究行动，使得孩子们能够按照自己的意愿尝试、行动、调整、再行动。完整的实践探究经历为孩子们积累了丰富的解决问题的经验。在低干扰的环境下，孩子们自由行动的权利使得他们建立起了与周围人、事、物之间的和谐关系，产生对幼儿园的归属感。例如：在改建幼儿园的沙池行动中，孩子们不仅是环境的使用者，更是参与者、建设者，当他们看到自己的"成果"最终受到幼儿园所有伙伴的喜爱时，这群孩子对幼儿园的归属感、其他孩子对这群孩子的敬佩感都获得了很大提升。

(二)师幼之间是学习的共同体

融洽的师生关系不是建立在条条框框的规则制约下，也不是建立在教师单向灌输知识和孩子们被动接受的基础上，而是建立在孩子和老师共同感兴趣、参与探究的活动上。在有趣的探究活动的牵引之下，老师和孩子们是共存、共融、共发展的学习共同体。

1. 相互欣赏

瑞吉欧的老师认为"幼儿是自己生长过程中强大的、积极主动的、有能力的主角"。[①]所以，要真正将热爱儿童从口号转换为实际，就需要师幼之间形成相互欣赏的关系，而这个关系形成的基础，便需要老师从心底里认可孩子是有能力的个体，同时也从行为上让孩子相信老师们确实是这样认为的。

相互欣赏，老师的首要行为便是倾听。"倾听"的意义就是老师对孩子全心全意的关注，意味着老师面对孩子时有像面对成人般的尊重，意味着老师放下高傲对孩子思想的认可，意味着老师站在孩子的视角去理解他的行为动机。当我们不再发出声音，完全去"倾听"孩子的时候，就

① 屠美如.向瑞吉欧学什么：《儿童的一百种语言》解读[M].北京：教育科学出版社,2002.

第一章　绪论　重塑未来教育形象

能看到"100个孩子的样子"。

相互欣赏,是让老师成为孩子的倾听对象。"平等者中的首席"是老师的角色定位。老师就好比是乐团中的首席小提琴,他既是乐团中的一员,又是音乐作品的重要引领者。这让孩子们看到老师如伙伴般的和谐、融洽的样子,也让孩子们看到老师如引导者般高大、智慧的形象。

2. 相互激发

师幼之间、幼幼之间交流、讨论、良性竞争的友好氛围是展开学习最好的方式之一。只有老师和孩子之间形成了平等对话的关系,才能让交流产生新思想、新计划、新方法、新行动,才能让师幼之间、幼幼之间的信息不断流动,从而在相互激发、相互促进的过程中不断将学习推向新的高度。

相互激发,是老师设置问题情境,激发孩子反思与解决问题。把知识直接灌输给孩子,或是直接回答孩子的问题、统一协调孩子们的探索步调都不是教育的目的,帮助孩子们一步步探究、实践并走向答案才是老师应该最关注的部分。所以需提出孩子们感兴趣的问题、设置有一定挑战空间的任务来充分激发孩子们表达、探究的愿望,鼓励他们形成计划、坚持寻找解决问题的方法。

相互激发,是孩子表达独特的想法,启发老师创设学习场景的新思路。在孩子们被老师激发的过程中,孩子们表现出的一切,又进一步成为老师探寻学习之路的明灯。当孩子们在探究的过程中提出新的想法时,老师们便依循着孩子们的想法提供相关的材料;当孩子们乐此不疲、表现出对该活动浓厚的兴趣时,老师们便渐渐找到了孩子们的兴趣点;当孩子们反复坚持尝试与摸索,并为最终的成功而欢呼雀跃时,老师们便增强了对教育的信心。

3. 相互共建

传统观念中的教育,更多的是作为教育者的老师向作为受教者的孩子进行单方面施教的过程,往往认为孩子是教育单方面的受益者。其实,师幼互动交往的过程,是师幼之间相互影响、相互作用的过程,也是师幼之间互惠互利、教学相长的过程。

相互共建,是老师向孩子揭开未知领域。老师在教育中所表现出来的认真、严谨的态度,能够让孩子们感受到探究、成长的意义,生发对未知世界不断探寻的勇气。同时,老师让孩子们在实际生活中通过不断观察、发现、讨论、检验、比较来探寻奥秘,积累学习经验的过程,也是与孩子们共同构建心中知识的金字塔、带领孩子们揭开从未接触过的领域的过程,正是帮助他们学会如何学习的过程。

相互共建,是孩子促使老师如何拓宽学习边界。孩子不仅是知识的汲取者,更是学习的创造者。100个孩子有100种样子,每个孩子的学习特点、个性特征、行为表现给老师提供了不断观察、发现、分析、重构孩子形象的资源,这无时无刻不在促进老师通过扮演研究者的角色,进一步走进"童心"这个浩瀚的世界。100个孩子有100种好奇,每个孩子在生活情境之下会产生不同的好奇、提出不同的问题,所以孩子的好奇心也是老师们不断完善自己、丰实自己、养成终身学习的原动力。

三、儿童不设限的童年

人越长大越不记得自己的童年,但是童年却一直影响着长大后的自己。精彩的童年决定了无限精彩的人生,遗憾的童年却需要用一生去治愈。每个生命的开端如果能够在属于它的土壤中发芽,那么我们就不会在人生这场"无限的游戏"中出局。

(一)童年自绘

每个孩子的童年都有自己的标签,他们自己定义自己的童年,老师不以某种固定的标准去衡量每个孩子的童年。

1. 没有"好"与"坏"的标准

在现实教育中,孩子的童年往往被固化、被某种标准予以设定。而标准化的设定,会让童年失去快乐,也会让童年失去精彩,真正的童年在教学方式变革下应是非标准化的。

标准化的童年,压制了孩子的童真。现在的人拥有了一切,但仍然不快乐;现在的人拼命索取,但仍然不满足。就像现在的人对待孩子们的童年一样,"不能输在起跑线上""德智体美全面发展"这些耳熟能详的口号背后,是家庭、社会、学校将孩子们童年放进装有调配好营养的容器中,试图将所有孩子参照所谓"好"标准下统一测定。如此标准化的培养,付出的代价就是让孩子们在"好"与"坏"的标准之下,磨灭了想象力和创造力。

非标准化的童年,是看不见的幸福。如果说住很好的房子、穿很好的衣服、上很好的学校,这些都是看得见的幸福,那么过着简单的生活、有着一颗满足的心,就是看不见的幸福。非标准化的童年,就是破除那些标准化的"容器",让每个孩子能够在真实和简单的生活中,欣赏这个世界的一草一木,用心感受人、事、物之间的美好。将儿童的本来面目归还给孩子,让看不见的幸福播种在孩子们童年的心田。

2. 童年不可复制

艾伦·普劳特试图从童年的双重性角度出发,超越童年的二元论述,来界定童年。他认为童年的论述要把握两个方面:一方面,儿童作为社会能动者,他们的行动可以影响社会结构的变迁;另一方面,童年是超越任何具体的儿童或成人行动的社会结构形式。[1]普劳特关于童年二重论的思考认为,这两个方面就像硬币的两面,童年的社会结构性立场和建构性立场的相互依赖与联系,形成了不可复制的童年。

社会结构形式下的童年,让每个时期的童年不可复制。科尔萨罗在《童年的社会学》中提出:童年是社会的结构形式。童年对于社会来说,它与其他社会结构范畴一样,是永不消失的社会结构或社会范畴,它的本质、概念与特征会随着时间、历史的变化而不同。[2]所以,不同的地域、不同的文化、不同的种族、不同的阶级等社会成长条件的差异与变化,让每个人的童年呈现不同的样貌,曾经的童年也无法替代现在的童年。

---

① William A. Corsaro. The Sociology Of Childhood.[M]. Pine Forge Rress, 2005.3.6.

② Chris Jenks. Childhood.[M]. London:Routledge,2005.7.

社会建构形式下的童年,让每个孩子的童年不可复制。克里斯·詹克斯对于童年做出了以下界定:"童年可以被理解为一种社会建构。随着时间以及社会的变化,童年自身的边界也不断变化,形成特定形式的行为并通过这些行为表明该社会身份。"①所以,在构建童年的过程中,孩子有着个体的力量,他作为一个独立的个体在主动构建和决定自己的生活,每个独立而不同的个体都会在自己的力量驱使之下,形成各不相同的童年。

因此,童年无法跨越时间、场域和每个个体而简单复制,每个人都拥有不可复制的童年。

(二)游戏童年

美国哲学家詹姆斯·卡斯在《有限与无限的游戏》一书中,将"有限游戏与无限游戏"泛指人类的一切活动。

"有限的游戏"有清晰不变的规则以及评判输赢的标准,并且这些规则和标准都是由外在制定的,每个参与者都必须符合一定的标准,游戏必然有胜利和失败,一旦定胜负,游戏就结束了。而"无限的游戏"则没有明确的开始和结束,它的目的是延续游戏,游戏的实践、空间及标准是由自身需求来设定的,游戏角色不固定,可多变。②

教育的进化,则是将童年的成长努力从"有限的游戏"变为"无限的游戏"。

1. 无限的游戏——用游戏的精神看待童年的成长

"无限的游戏"在过程中可以加入"有限的游戏"。那么,一次任务挑战、一轮活动竞赛、一场节日的策划都可以是一个个有规则、有趣味、有固定角色、有挑战的有限游戏,孩子们在"有限的游戏"中可以不断地改变自己。但是,无论这一部分"有限的游戏"是输是赢,在整个"无限的游戏"的参与过程中,这些都是推进无限游戏的一个个瞬间,这些有限游戏

① 王友缘.走出迷思——童年概念的几种视角及其分析[J].教育学术月刊,2014(1):5.

② 詹姆斯·卡斯,马小悟,余倩.有限与无限的游戏[M].北京:电子工业出版社,2013.

的过程只是为了不断延续更好的"无限的游戏"而已。

所以,童年的成长就像"无限的游戏"一样,它并不是为了拿着大家的童年来分出输赢,而是希望每个人的童年在接受部分的学习标准之下,更好地挖掘出自己的潜能、展现自己独特的优势,最终在一生成长的这场"无限的游戏"中永不出局。

2. 无限的游戏——以游戏的视角重塑童年的形象

在"无限的游戏"的教育视角中,传统范式下的角色关系将会被打破和重塑。

在"有限的游戏"中,孩子们的角色、老师的角色、成人的角色都是被预先设定好的,并且在游戏结束之前不能有改变。但在"无限的游戏"中,游戏参与者可以不固定于一种角色,参与者以延续游戏、推进发展为目的,可以不断地灵活调整或者扮演各种角色。

所以,在"无限的游戏"视角下,孩子的角色也是富有变化的,孩子可以决定自己童年的样子。他们可以自己设定学习的目标,选择学习的内容、选择学习的资源、设置学习的方式;他们可以相互成为彼此模仿和学习的对象,也可以共同组成合作小组进行学习;他们可以自定义学习的场域,生活中的新问题、发现的新信息、接触的新事物,都能够引发新的学习,因此学习在哪儿都可以发生,学习的资源到处都可以调动。童年的形象,就在孩子自身学习形象的重塑中变出了无数种模样。

第 二 章

打造　构建儿童探究的场域

　　为什么白天看不到星星？为什么花瓣会落下来？为什么小蜗牛从来不吃白米饭……从宇宙奥秘到自然万物，孩子们随时随地产生着对世界的好奇与热爱。他们的探究需要沉浸在问题产生的"那个"地方与特定的时刻，儿童研究中心就是满足孩子探究的无边界学习场。它让孩子的学习与生活不被"围栏"束缚，同时让每一个孩子心中有坚定的目标，自己能做决定，还能用自己喜欢的探究方法在真实的生活中全身心投入。

第一节 营造 无边界的儿童研究中心

　　孩子的成长是全要素、全方位、全领域发展的过程,这就意味着我们的教育要更加全面、开放。儿童研究中心就是无边界的学习和生活,它打破了年龄界限,以混龄环境为背景,让孩子的交往更加自然生态;它打破了班级界、园区界、家园界,让孩子获取最丰富的课程资源,给他们最真实的体验;它打破了领域界、版块界、课程界,聚焦个体,让每一个孩子都能用最合理的方式展开自己的学习。

 一、流动吧,生活

　　古希腊哲学家赫拉克利特认为人不能两次踏进同一条河,因为我们所接触的世界就像流动的水,因流动而变化,因变化而流动。生活的意义在于不重复也不可复制,就像一条涌动的溪水,每天在汲取"支流"的同时,也在投向新的远方。孩子们的学习和生活也是如此,与不同人交往、在不同场域探究能够让生活充满变化,滋养着孩子不断认识自己、认识世界,并获得源源不断的动力和支持。

(一)打破龄界,让孩子从混龄启程

　　儿童研究中心采用混龄编班,3—6岁不同年龄的孩子以相对均衡的比例编制于同一个班级,他们与两位老师以及一位保育员构成一个相对固定的集体,集体中一群不同年龄、不同性格的孩子聚集在一起,营造了真实和复杂的生活环境。打破龄界之后,儿童研究中心将孩子的交往圈无限放大,孩子们在幼儿园一天的生活中,就能结交到更多朋友。晨间

锻炼、运动日、体验周……认识幼儿园里的每一个伙伴、老师甚至是职工,对我们的孩子来说并非难事。

混龄背景下,孩子的生活是什么样的呢? 小孩子追着大孩子想要一起玩,大孩子不愿意怎么办? 大孩子一拖二,能照顾好弟弟妹妹吗? 谁说就该大孩子说了算? 由于性格、能力、需求上的不同,孩子们自发形成了多个小的混龄小组。李拜一和小米的"姐妹组合"是娃娃家的常客;琛琛姐姐是肉肉的专属"保镖",每次走出教室都牢牢牵住弟弟的手,生怕弟弟走丢;泡泡、一一和Rocky组成了"三剑客",虽然泡泡年纪最小,但出现分歧也会据理力争。孩子们每天和自己喜欢的人在一起,做喜欢的事,互相滋养,共同成长。

除此之外,混龄班里还有个特有的现象,那就是每到毕业季,班里都会有部分孩子跟大家告别,而新学期又会有新的小伙伴加入进来。在面对、认识新同伴的过程中,孩子们就开始重构感情的纽带。每年,随着身份角色的变化与升级,每个孩子都在建立和谐关系的过程中意识到自己长大了。

(二)打破班界,让孩子在结伴中互学

儿童研究中心的学习不再是一个班的孩子在自己教室里的听讲,它是属于儿童的,是一群有着共同兴趣的人聚集在一起,是打破班级界限的儿童群组学习。

整个幼儿园有6—8个儿童研究中心,每个研究中心的主题都是围绕某个大主题下幼儿不同的研究兴趣而分解形成的。例如"生如夏花"大主题下设有"'雨'你一起玩""清凉'衣'夏""夏日时光机""妙趣'虫'生""夏日'网'吧""半夏时节""光影之夏""盛夏荷香"八个研究中心,孩子们自主选择其一,参与其中。儿童研究中心开展活动的时长为每天上午1小时左右,活动时长给予了孩子充足的深度学习的机会。通常每个主题的探究会经历1—2个月。同时,在主题接近尾声时会开展旅行周活动,目的是充分体验每个儿童研究中心极具代表性的活动内容,实现经验的互通共享。此外,旅行周活动还会走出幼儿园、走进社区,吸引更多人前来了解、感受、体验研究中心的活动。

儿童研究中心里汇集了不同年龄段、不同班级的孩子,这对教学模式提出了一定的挑战。经过长期尝试,儿童研究中心采用"群组学习"的教学模式。在活动过程中,老师们拆解活动任务,孩子则依据自己的兴趣、能力选择同伴和适宜的任务,通过自主探究、合作学习、问题讨论,在相互表达观点中实现思维碰撞,形成团队协作意识。

(三)打破领域界,让孩子像孩子一样学习

3—6岁孩子的身心发展特点和学习特点,决定了幼儿教育必定是整合性的教育。整合性,不仅是内容与技能的整合,更是经验与能力的养成,还是生活与课程的结合。儿童研究中心虽然是群组学习的载体,但实质上,在儿童研究中心里不只有学习,还有对规则意识、交往合作能力、语言表达能力、计划能力、批判性思维、执行能力等各方面能力的培养。在儿童研究中心,我们相信孩子,选择放手,不断感受孩子的变化!

在儿童研究中心会同时并存多个探究项目。这些项目的来源是多元的,既可以是来自孩子生活中感兴趣的事,也可以有老师的预设内容,还可以是我们在与孩子互动过程中生成的其它项目。多个项目的并行、持续探究,打破了学科领域之间的界限,将各方面的学习有机地联系起来,使孩子获得完整的经验。

【案例2-1】 亚运博物馆

孩子们好奇亚运会有哪些运动项目,于是我们就有了"亚运博览馆"这一儿童研究中心。在了解水上项目的过程中,老师渗透了浮力的科学探究;在接触篮球、足球、乒乓球等项目的过程中,球的大小、场地的测量、明星的身高等测量的方法融会其中;当击剑台搬入幼儿园,来一场真实的比拼时,孩子了解的是规则,考验的是身手,感受的是运动的魅力。最后,在旅行周展示活动中,作为博览馆的解说员,孩子们又对深入探究过的运动项目的规则、服饰、器械等头头是道。

在儿童研究中心，老师没有过多地事先设计与安排，而是一直跟随孩子的脚步，或加速前进，或暂停休整，甚至也会走回头路，这又有什么关系呢？只要是孩子亲身经历和体会的，终会是值得孩子回忆的。

有句古话说"授人以鱼，不如授人以渔"，作为老师，一定希望孩子获得的不仅仅是知识与技能，更是运用它们的能力。成为有目标的人，就是拥有敢闯敢拼的勇气和坚持不服输的毅力；成为会学习的人，就是拥有分析、把握和解决问题的能力；成为会交往的人，就是拥有与他人主动合作、沟通交流的胆识。

 二、牵手吧，伙伴

一见倾心的喜欢、志趣相投的碰撞、优势互补的合作共赢都能成为每个孩子结交伙伴的契机。只有在和不同伙伴交往的过程中，孩子们才能学习到关爱、尊重、互助、共享，最终不断提升社会交往能力，感受互动带来的喜悦感。此外，365级台阶上都有儿童，每个孩子都有自己独特的经历、兴趣和优势，它们成为支持彼此增长见识、相互欣赏、彼此启发的重要资源。

1. 因喜欢而靠近

有时候人与人的喜欢很奇妙，没有什么刻意的理由。孩子间的喜欢总是来得那么纯粹，可能是因为你与众不同的长相，蓝眼睛、白皮肤的你很漂亮；可能是因为你圆圆的脸笑起来像年画娃娃一样可爱；可能是因为你不经意的示好与帮助给予的安全感；也可能仅仅是因为老师总是表扬你，所以我觉得你是个好孩子。

因为喜欢，孩子就会在进入教室时张望伙伴的身影，会在围成一圈团团坐时悄悄把你的椅子摆在自己旁边，会在睡午觉时选择靠近你的位置，会在出去玩的时候等你一起手拉着手……

因为喜欢，孩子就想要跟老师做一样的事情，于是模仿他们的动作，重复他们说的话，或一起安静而专注地看书，一起学习把衣服整齐地叠好……

因为喜欢而慢慢靠近,每一个人心与心的距离也渐渐拉近;因为喜欢而互相学习,携手遇见更好的自己。

2. 因兴趣而相遇

人与人之间需要交流,有共同的兴趣,交流就会顺畅。因为一个根植于心底的建筑梦,我们在"建模"研究中心相见,一起搭建心中未来的世界;因为热爱运动,我们在"亚运博览"研究中心相遇,一起了解亚运会丰富的运动项目……因为沉醉于平平仄仄的婉转悠扬,我们在"夏诗"研究中心相识,一起用诗意的笔触描绘生活;因为钟情于大自然中多种多样的昆虫,我们在"夏虫"研究中心相碰,一起感受自然万物对生命的尊重……因为惊奇于九尾狐、九头鸟的存在,我们在"话说九馆"研究中心邂逅,一起感受中国传统文化的意蕴深长;因为喜欢寻宝游戏,我们在"小脚丫之旅"研究中心相逢,一起玩转身边的空间……因为好奇地下的世界,我们展开了地下城的研究,一起揭开地下从古至今的奥秘;因为不了解植物在地下的生长变化,我们对地下的植物生长展开研究,一起揭开地下植物的生长密码……

在这里,我们的孩子因共同的兴趣相遇、相识、相知,因为有了共同的兴趣也就有了共同的话题,在一起合作探究时也就更加默契。小组的成员愿意为共同的目标而坚持不懈地努力付出,能够在遇到问题时互相帮助、共同寻找解决办法,还会在合作完成一项任务后击掌庆祝。

3. 因能力而选择

在活动中,老师总会急于帮孩子分组,组成他们认为能够相互帮助的团队来快速高效地完成探究活动。殊不知,孩子有自己选择伙伴的标准,在经历不同阶段的探究中,他们选择的伙伴不是固定不变的,需要和谁合作成组、需要何时独立探究,都取决于当下探究的需要。所以,不同的孩子能力不同,同一个孩子在不同方面能力强弱也不相同,孩子们选择伙伴是以观察、了解同伴为前提的,并能够自然而然地在相互评价中展开。这其实能说明两点,一是自我认知,在一定程度上孩子是了解自己的,对自己的能力有一定的把握和判断,同时还能以自身为标准判断同伴的能力。二是对他人的认知,孩子有一定的目标感,知道自己要做什么,也能够预估需要哪些方面的帮助。基于此,孩子来判断其他人是否具有这样的能力,从而选择自己需要的同伴。

在这里,评价不再是单向的,更多的是孩子间对彼此的认可。这种来自同伴的认同感可以更好地激发孩子的自信,使孩子更真切地感受到自己的能力和价值,以及被同伴认可的快乐。

4. 因广交而相识

幼儿园是孩子离家后进入的第一个小社会,但这并不意味着小社会的圈子仅仅局限在教室内,孩子的交往对象也不应该只是某个班级的老师和小朋友。在这里,每个孩子都可以走出去,认识别的班级乃至整个幼儿园的孩子和老师,以及幼儿园、社区的其他工作人员。于是在幼儿园里总有这样的场景出现,孩子们在晨间锻炼时认识了同样喜欢攀爬的小伙伴,他们用约定促成了第二天的相见。孩子们在儿童研究中心结交了志同道合的伙伴,每天活动一开始,他们会以最快的速度到达研究中心,这表达的就是与同伴共同学习的期待。当我们把交往的空间进一步扩大到生活、社会中,交往的对象进一步丰富,有陌生的小朋友、叔叔阿姨、爷爷奶奶,就会发现孩子们不但不害羞,反而更从容,他们主动问好、自信融入、大胆社交、默默陪伴。

三、再见了,教室

每个孩子都可以学得很好,但不会在同一天,也不会用同一种方式。孩子的生活、学习和交往不只是在课堂与教室,孩子的老师不只是教师与父母,孩子的同伴也不只有同龄人。打破不同群体、不同空间之间的界限,实现学习场景、学习方式的无边界,为儿童的学习汇集资源、交流经验、总结成果,最终获得横向关联、纵向深入的发展。

(一)每一处空间都有教育的意义

孩子所处的环境不是一成不变的,所以他们学习的场景也是充满变化的。过去,老师会把教室作为孩子学习的主要场所,不断尝试调整和改变教室环境,但结果孩子的学习仍被框在小小的四方天地之中,不能在更广阔、更自由的环境中学习。现在,老师尝试让孩子走出教室,走进无边界的学习空间。坐落于走廊、大厅、多功能厅等各个地方的儿童研究中心,成为班内外甚至园内外资源与信息融通的中转站。

比如,孩子们对各国服装产生了好奇和兴趣,他们就选择将研究中心设置在门厅,收集各种特色服饰,创建服饰博物馆,比较、研究各国服饰的异同,并在T台时装秀的展示空间中,不断体验异域风情。不仅如此,随着孩子们的求知欲不断被激发,老师就跟着孩子的脚步,走出幼儿园,寻找更多的探究资源,体验"天地就是课堂,学习就是天地"带来的乐趣。

图2-1　走出教室的儿童研究中心

(二)每一次选择都因兴趣而起

讲故事是人类最初与年轻一代分享知识的重要方式。在传统的学习方式中,老师就是"故事"的讲述者,是知识的权威,他们决定着孩子学什么、怎么学。随着教育教学模式的变革,大家逐渐意识到老师和孩子之间的关系在发生变化,孩子的主体地位不断被看见、被认同,人们呼吁从"儿童的视角"看世界,这意味着孩子的学习方式不再是被动接受,他们开始有机会积极主动地探究,可以根据自己的兴趣,直接与同伴、老师和周围的事物对话。

在儿童研究中心,我们给予孩子更多自主选择的权利,选择学习内容,选择学习同伴和老师。儿童研究中心有着独特的"运作"方式,我们会先广泛收集特定时期孩子感兴趣的事物、话题,结合孩子的兴趣,考虑

文化、社会热点、自然等多方面的因素,确定研究主题,围绕主题生发出6—8个彼此相关联的子主题,供孩子自由选择其一参与探究,并在一周内有一次重新选择研究中心的机会。为保证活动开展的质量,每个研究中心有相应的人数要求,大致控制在13人左右。为保证探究的深入性,研究主题一般以1—2个月为周期进行更换。在每个主题尾声的体验周,孩子们将又一次享受自由选择的权利,每个研究中心的孩子会用展览、游戏、集市等不同方式来吸引其他伙伴的目光与参与,他们可以自由游走在自己感兴趣的体验活动中。正是因为有这样的一种自由选择的机会,孩子才能迸发出新的兴趣点。

"我喜欢恐龙化石,我要选择石头记。""我喜欢玩水,我要去水世界。""我喜欢小动物,冬天我要为小动物造一座冬眠旅馆。"……孩子们基于各自的兴趣选择想要探究的内容,来自不同班级的孩子在儿童研究中心相遇,组成了相伴而行的学习团体。以下是孩子们经历过的研究中心项目主题与子主题。

表2-1　儿童研究中心项目主题

研究主题	子主题							
大中国	中国字画	中国服饰	中国美食	中国戏曲	中国科技	中国建筑	中国文学	中国茶艺
迎亚运	杭州馆	亚洲馆	建模馆	环境美化馆	运动博览馆	健康饮食馆		
生如夏花	"雨"你一起玩	清凉"衣"夏	夏日时光机	妙趣"虫"生	夏日"网"吧	半夏时节	光影之夏	盛夏荷香
不一样的9	话说"九"馆	小脚丫之旅	人才市场	"9"宫阁	Hi!奇妙的你们	姓名之旅	九月生活	追风少年
地下有什么	石头记	地下的时间	纸爱地球	地下王国	地下城的秘密	地下的生长	呼噜	水世界

(三)每一种探究方式都能尝试

在儿童研究中心,学习不再只以某种形式发生在某个固定的时间段,而是以多元的形式进行的,渗透在生活的每时每刻、角角落落。听说读写是学习,动手操作也是学习;建构环境是学习,筹备活动更是学习。比如,在诗歌艺术的熏陶下,夏诗研究中心里的孩子每天外出,在欣赏自然风光中探究;建模馆研究中心的孩子埋头在各种材料的组合、成型中探究;体验周的孩子则在游客和志愿者的角色中探究……

在活动的过程中,孩子们可以独自或合作进行探索。比如,有孩子想要认识更多的亚洲国家的国旗,他就可以每天抱着地球仪、翻看地理书,独自享受在研究中心的时光。有孩子想要尝试穿不一样的服饰,他就会想尽一切办法邀请同伴相互打扮、帮忙穿戴,共同享受装扮自由的乐趣。孩子们还有权利把控自己学习的节奏,或紧张或闲适,或激荡或静谧,他们都是被理解和尊重的。

 ## 四、你好啊,世界

为顺应时代发展的趋势,实现新时代的幼有所育,培养创新型人才,在教育理念和教育模式不断更新迭代中形成的儿童研究中心,致力于培养面向世界、面向未来的儿童。

(一)拥抱广阔的世界

每个孩子从出生起,面对的就是充满未知却又精彩纷呈的世界,等待他们的就是无边际、亟待探索的世界。

视野有多宽广,世界就有多大。为顺应未来儿童发展的需要,儿童研究中心的教育边界正不断向外延伸,让孩子们接触的信息更加多元,从而拓宽他们的认知领域、提升他们的学习能力。比如,一个"孩子们趴在大草坪的洞洞前好奇地张望地下世界"的镜头,让老师跟着孩子开启了一次"地下有什么"的探究,了解了地下植物的生长密码、地下动物的生活轨迹、地下建筑的前世今生、地下水的来龙去脉、地下垃圾的变废为宝……让孩子们对未来地下世界的充满无数遐想。

老师和孩子紧跟时代的步伐,用"广角"看世界,眼观六路,耳听八方,不断拓展把握世界的宽度和广度。从对信息化工具展开探究到运用信息化工具收集信息、辅助学习,再到借助信息化工具展示自己的学习成果与创意,这是一个从汲取获得到推广运用的过程,是他们走进信息化时代的一次大胆尝试。

(二)向世界大声问好

教育的重要职责是通过激活、引发和扩展,建立人与世界的联接。这种联接能够帮助孩子们认识世界、融入世界并拥抱世界。培育儿童面向世界的积极姿态,才能让他们获得幸福与乐观的生命体验。儿童研究中心的孩子有拥抱世界的胸怀与勇气,当他们的身心丰盈而饱满时,就意味着他们在用最自然、最真实的状态拥抱世界。

1. 教育:搭建孩子与世界对话的平台

儿童研究中心提倡让孩子建立与世界的联系。世界是由一个个人、一个个群体、一个个地域、一个个事件等组成的,随着时间的推移,人类的发展进程不断深入,形成世界百态。儿童研究中心试图抽取一条让孩子与世界对话的引线,让孩子走入研究世界百态的通道之中,从不同角度发现并欣赏世界的美。比如,一双木屐引发了孩子跨越地域与文化的探究;孩子们习以为常、年复一年的儿童节,在其他国家会有同样的节日和过法吗?当孩子们的视野扩展到自己生活经历之外的场域时,不同的文化带来新的庆祝方式,促使孩子们对其他国家的儿童节也有了认识。这一差异促使孩子们体验和分享跨国的探究与交流,这场交流之旅增强了他们对世界的认识。

2. 教育:永葆对世界的好奇与热爱

儿时的我们会好奇一片树叶一朵云产生好奇,对天空为什么是蓝色的而彩虹却是七色的产生好奇,对我们不了解的一切事物产生好奇,然后促使我们去探究其中的奥秘。儿童研究中心在做的就是让老师变成孩子,让孩子成为自己。因此,教育就是重视每一个孩子的个性,倾听每一个孩子的心声,肯定孩子的每一次发现,与孩子们一起享受成功后的喜悦。比如,儿童研究中心都拥有老师和孩子的问题板,老师发现、记录孩子的每一个好奇瞬间,孩子记录自己想要尝试的每一次挑战。将老师的发现与孩子的记录放在一起,寻找、发现、感受孩子的好奇和热爱,慢慢地,找到支持他们探究的入口,一起行动、拥抱世界。

　　每个孩子都是一粒种子,只是花期不同,努力向着一切美好的事物靠拢,时光不语,静待花开。我们相信,所有的种子都值得期待,期待一个七彩纷呈的未来,期待一声大胆的问候:"你好啊,世界!"

第二章　打造　构建儿童探究的场域

第二节 探究 让孩子感知真实的世界

探究是什么？人类为何探究？对孩子而言，探究是他们走向世界的方式，他们通过自我探究，去感受大千世界的美好。致力于让每一个孩子都能被看见、让每一次探究都能得到认同，这就是儿童研究中心的追求。

 一、心之所向

封建时代，大多数人学习是为了功成名就、光宗耀祖。为了达到目的，人们苦读四书五经，但又有几人深明大义？！"百无一用是书生"感慨的是读书人的无奈。工业时代，工厂车间需要大量有技术的劳动力，于是，把孩子培养成具有一技之长的产业工人，成为了一种趋势。未来真的需要这样的人吗？21世纪教育委员会向联合国教科文组织提交的报告《教育——财富蕴藏其中》中指出：面向21世纪，教育要培养学生学会学习、学会生活、学会做事、学会生存。

（一）自由精神

具有自由精神的人，他的思想更开放，也更善于学习，更富有创造力。

具有自由精神的儿童，必须具有独立思考问题的能力。当遇到问题时，孩子不仅仅向老师、家长询问求教，更重要的是孩子必须在老师和家长引导下，培养自己独立思考和解决问题的能力。

儿童的自由精神必须拥有丰富的想象力。尤瓦尔·赫拉利曾在《人类简史》中提到:人类区别于其他灵长类动物能统治地球的重要一项能力就是想象力。想象力是需要培养的,当我们问孩子"你想想为什么""你想会是怎么样的",当我们大胆放手让孩子自主探究后,孩子的"异想天开"的灵感就会源源不断涌现出来。

(二)游戏精神

什么是游戏精神? 游戏精神是沟通人的理性美和感性美的桥梁,它可以使生命的本能得以展示和释放,同时也是重复往返和不断更新的精神,它是个体在参与和对话、投入和沉迷的过程中获得愉悦体验的精神。[1]儿童的游戏精神就是儿童的精神和生命力的集中体现,它具有原发性、成长、完整、和谐、自由、创造等特征。[2]对于游戏精神是什么,众说纷纭,但这些观点大多是从自由、愉悦、想象、忘我等品质方面来描写游戏精神的。

儿童研究中心认为的游戏精神首先是自由的。在游戏中,孩子们的活动是自由的,在游戏开始之前,孩子们有充分的自主选择权,他们可以根据自己的意愿选择游戏的内容、持续的时间、开展的方式以及与谁共同游戏等。孩子们的心理也是自由的,他们卸下心理防备,玩着彼此都乐于参与的游戏,多么惬意。其次,游戏精神是快乐的。孩子们在游戏中发现、探究、再发现、再探究的过程是快乐的,与同伴分享收获也是快乐的。最后,游戏精神是沉浸式的。孩子们在儿童研究中心的探究不是看一看、听一听就止步了,动手操作、亲身体验,全身心地投入,让五官去真实地感受,让心灵获得更深的感悟。

(三)学习精神

日异其能,岁增其智。我们正处在一个知识更新、终身学习的时代,因此,学习精神是必不可少的。我们的孩子需要具备怎样的学习精神呢?

① 黄进.游戏精神与幼儿教育[M].南京:江苏教育出版社,2006:4.
② 丁海东.论儿童的游戏精神[J].山东师范大学学报(人文社会科学版),2006(1):78-81.

一是能积极主动地学习。孩子学习的主动性对后续学习质量有着很大的影响,主动性高的孩子能根据自己的兴趣选择合适的方式自主探究,探究的专注度和持久性也会更高、更广泛。此外,他们的目标意识和任务意识也会更加明确,他们会为自己制定活动的目标,规划活动的进程,一步一步朝着最终的目标前进。

二是能敢于怀疑、大胆探索。每个人都有不同的思想,就会产生不同的见解。孩子需心存质疑,有疑惑才会从心底产生学习的动力,才能有自己思考的能力,而不是人云亦云、随波逐流。

三是能专注与坚持。专注是一种很纯粹的力量,这种力量的源头,来自人们对自己做着的事情发自真心的热爱。持久的专注是一种坚持,成大事不在于能力的大小,而在于能坚持多久,当我们专注、热爱、全神贯注于所期望的事物上,必有收获。

 二、身之所往

混龄的背景意味着儿童研究中心的孩子在年龄、性格、兴趣爱好、思维特点、学习方式、能力水平等方面都存在着差异,表现出不同的特点和发展倾向。如何让每一个孩子都能找到适宜的方式,寻找感兴趣的内容深入探究,在原有的水平上有所发展,是老师们关注的重点。因此,个别化学习成为儿童研究中心重要的学习模式,这就要求老师们有意识地观察、有目的地提供、有针对地个别指导,给予孩子更多自主的权利,让每个孩子的学习都能被看见、被认同。

(一)让每一个孩子的学习都被看见

孩子想要的是什么? 其实每个孩子都渴望被关注、被欣赏、被看见,当一个孩子感受到被接纳与理解,他的内心就会充满力量,这股由内而外的力量推动着孩子持续地自我成长。当孩子学习的主体意识被看见、被激发时,学习的热情就自然而然地迸发出来了。

【案例2-2】 野火饭

在"春之趣"研究中心,孩子们想要体验在户外生火做饭的乐趣,那就搭个土灶台吧。搭土灶台需要砖头,没有砖头怎么办?我们自己来做砖头!好的,安排!于是孩子们兵分几路开始行动。了解制作砖头所需的材料和步骤,和老师一起购买材料,向有经验的师傅请教方法⋯⋯在一次次的尝试过程中,孩子们收获的不仅是一个灶台、一簇火苗、一缕炊烟、一锅五彩饭,还是和泥浆如何测量黄沙和水泥的比例、搅拌如何达到均匀又黏稠、制作如何完整又结实时的劳动的乐趣和对生活的期待。

因为喜欢,所以用心;因为用心,所以感动。当探究的起点来源于孩子,当活动的推进跟随着孩子的脚步,当每一个想法都能被看见,当每一个愿望都可能被实现,孩子们便乐此不疲。

(二)让每一个孩子的学习都被认同

世界上没有两片一模一样的叶子,更不会有两个完全相同的孩子。每个孩子都是独一无二的个体,他们的喜好各有各的不同,思维发展各有各的方式,聪明和才智各有各的特点,学习与探究各有各的方法。接纳不同,包容差异,让每个孩子各尽所能地学习,是我们对孩子最大的认同与鼓励。比如,因为想要打造一个"冬眠旅馆",孩子们就用白色的棉絮、枯黄的树叶表现冬日的静谧,纸盒堆叠后裹上深棕色的卡纸,再掏个洞铺上枯叶和稻草,那是小松鼠温暖的家。再如,因为喜欢篮球,于是孩子们就制作了一个2.26米高的姚明人像,它表达的是孩子们对篮球的热爱和对运动员的崇拜。还有,因为想要了解击剑这一运动,于是亚运博览馆的老师和孩子一起将击剑台搬入室内,营造出可看、能玩的真实场景。

孩子的每一次学习与探究都如同在创造自己的小世界,在这个过程中描绘他们心中的颜色,表现他们想要的神秘,选择他们热爱的活动。老师的认同让孩子们有了更广阔的施展空间,有了更自主的探索方式,

第二章 打造 构建儿童探究的场域

有了继续学习的勇气与力量。他们知道,哪怕失败也依旧会得到尊重与鼓励,于是在自己创造的小世界里快乐地体验,大胆地尝试,不断地前行。

(三)让每一个孩子的学习都被支持

孩子高质量的学习离不开老师和同伴的支持,这种支持是精神上的:一个信任的眼神,一次暖心的拥抱,一丝温暖的微笑,一句激励的话语,一次默契的合作,都能激起孩子美好的感情。此外,氛围的烘托、物质的支持也必不可少。比如在"地下的生长"儿童研究中心,老师和孩子们讨论后决定用大地色系的布铺设长长的"地平线"展台,将它作为地上与地下的分界线。分界线上是一片绿色,生机盎然,地下是块茎类植物的根系,纵横交错。这让孩子们前期对地下植物的探究有了更直观的了解和表达。同样的,比如在围绕"收集东,收集西"研究时,孩子们首先将生活中的瓶瓶罐罐、纸箱纸盒、树枝果壳等自然物以及废旧布料等看似不起眼的物件汇聚在一起,建成全园互通共享的资源库,随时随地供他人取用。

合理搭配的视觉空间、到处可见的资源库、随心所用的材料、自主支配的基金、自由选择的同伴等,都让每一个孩子的学习得到支持。

 三、目之所及

没有"围墙"的教育是什么样的? 会流动的学习是一种怎样的体验? 全自由的探究是何种状态? 走进儿童研究中心,一切的疑惑都能在这里找到答案。

(一)无边界

在儿童研究中心,"无边界"学习是着眼于学习内容、学习场域、学习对象和学习资源的。它使孩子们的学习真正成为一种关乎知识世界、生活世界和个体情感世界的整体性学习。

"无边界"倡导学习内容没有边界,突破了既有的以知识、教材为中心的教育模式,跨越学科界限,促进学习内容的相互贯通和融合。比如,在"清凉'衣'夏"研究中心,孩子们以夏日服饰为切入点,感受、探究夏天

的特征。一堆布料,一把滴管,一张紫外线感应卡,让孩子们发现了不同布料的特性;露脐的、长袖的、裹头的、披肩的,不同的装扮体现的是孩子们对不同国家夏日穿衣风格的了解。在这里,你可以是科学家,也可以是设计师。

"无边界"倡导学习场域没有边界,打破空间界限,让学习能够走出去,实现孩子的生态式成长。比如,一条大运河,半部杭州史,它见证了杭州倚河而兴的历史,承载着一代又一代人的记忆,也成为孩子们用双脚丈量大地、用双手触摸历史的重要学习资源。无论是描绘桥梁的纹路和装饰,还是用言语讲述其背后的故事,孩子们的学习都在走出去的过程中实实在在地发生着。

"无边界"倡导学习对象没有边界,打破年龄、班级的界限,促进混龄背景下的学习。由于每次研究中心的选择都是基于园内每个孩子意愿的,研究中心的孩子通常是多个班级的遇见,不同年龄的组合,这使得模仿学习、独立探索、对话与协商、妥协与合作都自然而然地发生着。

"无边界"倡导学习资源没有边界,流动的教师和孩子实现了资源的互通共享。孩子来自不同的家庭,家庭中的成员拥有不同的文化背景,从事不同的职业,具有不同的知识技能,他们就像一本"百科全书",对孩子来说,也是一个重要的"资源库"。比如,阿宝的爸爸妈妈是科学老师,每当遇到科学问题需要解答,或是需要提供材料支持时,他们都会鼎力相助;泽泽奶奶家用土灶台烧饭,他带来了一大捆柴火、稻草,在体验周给予了野火饭小队极大支持;想想的爸爸由于工作原因飞过很多地方,于是一有空就会和想想分享自己去过的城市故事,在爸爸的讲述中,想想记住了很多城市的名称,了解了不一样的风土人情。

"无边界"使孩子有机会做自己的主人,让他们接触的世界更加完整、立体;他们走进自然、亲近社会;他们的主动性、坚持性、灵活性、变通性、好奇心和热情等积极的品质都在不知不觉中得到发展。

(二)会流动

孩子们学习旅途中的同行人并非一成不变,每一段旅途都会有不同的同伴和引路人,大家在性格、想法、处事风格等方面都有自己的特性,这无形中对孩子们的适应能力、交往能力提出了更高的要求和期待。

【案例2-3】 做小指挥的元宝

在"亚运博览馆"研究中心的一次制作篮球场模型的活动中,元宝和三个弟弟妹妹成为一组。活动过程中,元宝主动承担了难度较高的制作任务,边做边跟弟弟妹妹说:"这里是红色的,是罚球区。这一条白色的线是三分线……"同时,一些简单的小任务也会让弟弟妹妹出力,"小满,你找一下白色的毛根好吗?""舯舯,这里需要双面胶贴一下。""捏捏,剪刀这里剪一下。"……小朋友们在元宝的指挥下配合得井井有条。

在弟弟妹妹面前,元宝承担起了一个指挥家的角色,分工明确,不偏不倚。

【案例2-4】 虚心求教的元宝

为了让龙舟制作得更牢固,孩子们提议可以使用胶枪进行固定。对于新工具的使用元宝很好奇也很无措。一旁的乐乐看到后说:"我来教你,一只手扶着,然后把它挤在这里,记得戴手套哦。"元宝照着乐乐的方法,先找到容易脱落的裂缝,然后用胶枪点上,再用两只手按压直到牢固。在固定龙头部分时,元宝试了两次都没有成功,于是对乐乐说:"我需要帮助,你能帮我一下吗?"

在能者面前,元宝是虚心学习的求教者,在遇到问题时也能主动寻求帮助,倡导合作精神。

【案例2-5】 有商有量的元宝

在"九月生活"研究中心,元宝和豆豆、涞涞组成了游戏组,负责套圈游戏的场地布置和材料准备。三人商量,涞涞先找圈,豆豆和元宝制作套圈物品。但是豆豆执意要去找圈,元宝想了想便同意了。

不是所有的孩子都愿意按照他人说的做,孩子间的相处更是如此。元宝没有因为他人不听自己的安排而发脾气,也没有固执地坚持自己的想法,反而试着改变策略让活动顺利进行。

流动变换的同伴,给予了孩子们更丰富的交往机会,在与不同年龄、能力、个性的孩子的交往中,孩子们更能认识到人与人存在的个性差异,学会尊重、合作、分享和关心。

(三)擅迁移

学习中的迁移指的是一种学习对另一种学习的影响。经验的迁移广泛存在于知识、技能、行为、态度等的学习中。在儿童研究中心,迁移不仅发生在活动与活动之间,也存在于同伴间的模仿学习。

1. 活动间的经验迁移

在同一类型的学习或经验内部存在着迁移,这样的迁移是对原有经验概括化、系统化的再运用。

【案例2-6】 乌龟的冬眠

"呼噜"研究中心的孩子们在探究乌龟的冬眠条件时,大胆猜想了乌龟会在怎样的环境中冬眠。有的孩子觉得是湿湿的泥土,有的觉得是干沙子,有的认为需要石头,有的认为需要水。于是同一猜想的孩子们组成了小组,开启了分组探究。他们先自行寻找适宜的材料和容器,之后将乌龟放在布置好的环境中,每天进行观察并记录乌龟冬眠的情况。通过亲身实验,孩子们发现乌龟冬眠需要较为湿润的环境。还有其他条件吗?老师带领孩子们观看视频,了解乌龟的习性,梳理经验。

孩子们经过第一次探究后形成了"大胆猜想—寻找材料—分组验证—视频观摩—经验提升"的模式,于是在探究螃蟹的冬眠条件时,他们再次运用了同样的探究模式,举一反三,实现了经验的有效的迁移与运用。

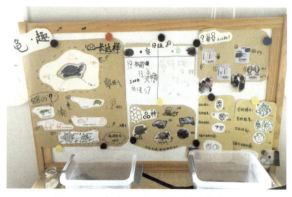

图2-2　乌龟的冬眠活动探究发现

2. 同伴间的模仿学习

孩子学习最典型的特征是模仿,当他们遇到问题时,会通过模仿同伴的行为来达成目标,解决困难。模仿就是同伴互学最直接的一种形式。

【案例2-7】　制作水井

在一次制作水井的活动中,安心看到姐姐淇淇已经做好了支架和转轴,于是他也找来相同的材料尝试制作。可是该如何将材料固定起来呢? 安心依次尝试了固体胶、双面胶和宽胶带,但都没有成功。还能有什么办法呢? 安心尝试着将超轻黏土裹在瓶子外围,再将木棍贴在黏土上,小心地摇了摇,比之前牢固多了。为了更加稳固,他又在棍子外裹了一层黏土。第二天,大家对选择的黏合材料进行对比和互相学习,安心

图2-3　安心用超轻黏土固定制作水井

选用的超轻黏土成为固定支架的好材料。在后期调整中，许多孩子都用了安心的好方法。

在孩子们的模仿学习过程中，并不是只有小孩子模仿大孩子的行为，更多的是跨越年龄的互相学习，孩子们会坦诚地接受好想法、好办法。安心参考了哥哥姐姐使用的材料，哥哥姐姐也学习了安心固定黏合的巧妙方法。这种双向的学习是智慧结晶的共享，使所有的孩子们都有所收获。

（四）全自由

教育，就是为了实现孩子学习的个性化。追风的孩子，无论风还是孩子，都是自由的。每个孩子都具有强大的生命力，但只有在自由、舒适、充满爱意的环境下，孩子才有更大的空间去体验生活，有勇气、有活力去迎接挑战。陶行知先生很早就说过"六解放"：解放儿童的头脑，让他们能够去想，去思考；解放儿童的双手，让他们去做，去干；解放儿童的眼睛，让他们去观察，去看事实；解放儿童的嘴巴，让他们有足够的言论自由；解放儿童的空间，让儿童从鸟笼式的学校里走出来；解放儿童的时间，让儿童做支配时间的主人。解放是为了给孩子更多的自由，在自由生活、自由学习、自由成长中做独一无二的自己。

1. 充分的探究空间

教室、楼梯、走廊、户外，整个幼儿园处处都有孩子们探究的身影，空间扩大了，孩子们的兴趣就得到延续了，探究就充满了乐趣。比如，一群在探究冬眠的孩子正思考着小乌龟的家该安置在何处。然然说："我的小乌龟特别喜欢出去玩，所以我的小乌龟的家可以放在户外，可以放在二楼平台上吗？"再如，孩子们正在体验龙舟的游戏，有限的环境限制了孩子们的游戏，于是多多提议去楼梯上，孩子们托着大大的龙舟，小心翼翼却又满心欢喜地从三楼走到一楼，再从一楼走到户外，绕着幼儿园一圈开始划龙舟。

孩子们面对自己喜欢的材料或工具时就能畅快地玩，并能激起探究的欲望，从而拥有更多的收获。比如在"纸爱地球"研究中心里，大家正

第二章 打造 构建儿童探究的场域

在探究"如何把废纸撕碎"的问题。小茉莉用剪刀开始剪纸,她从一条条剪到一块块剪,最终一张大纸逐渐剪小了,而哼哼则拿起捣臼尝试把纸捣碎,文文提议在榨汁机里加点水把纸搅碎。再如,在探究沉浮的活动中,孩子们先从幼儿园内寻找到了乒乓球、瓶子、积木、纸等十几样东西,随着探究的深入,孩子们不满足于已有的材料,于是想办法找来了各种各样的东西,绳子、纽扣、板栗、果壳、鸡蛋、石头、气球、布……不同材质、不同大小、不同重量的物品,使得探究的维度随着材料的多样化逐渐打开和深入,后期的活动也不再局限于对物体是否沉浮的简单判断,孩子们开始探究如何让沉下去的东西浮起来,如何让漂浮的东西沉下去。

2. 自由的探究方式

在不断摸索中进步,在大量实践下成长。儿童研究中心的学习允许孩子们不断实践、不断试误,在不断选择中发现自我。于是,学习不再只是坐着,可以"跑着""跳着""蹲着",每一种体态的变化都是孩子们自由探索的最美身影。于是,发呆可能是在思考,翻阅书籍、观看视频是在了解,动手操作是在摸索求证,解说展示是在验证分享。于是,独自探索不被打扰;"小带大"的组合也可以配合默契;面红耳赤的争论时有发生,犹豫着妥协也是一种选择。

3. 宽松的探究速度

学习是给生命添加养料,学习是一种经历,学习也是一个因人而异的过程。在儿童研究中心里,孩子有权利把控探究的速度,可以慢慢行进,也可以加快脚步,还可以从头再来。有时你会发现某个孩子在一周甚至两周的时间里都在观察小螃蟹,但让你想不到的是他用笔描绘出这只小螃蟹的样貌,细致到身上的每条纹路;他通过不同材料的实验探究出螃蟹冬眠的条件;他的脑海中还有很多奇思妙想等着去验证。儿童研究中心的老师遵循每个孩子自己的想法,追随着孩子的脚步,让孩子学习时间变得更长,速度放得更慢,并寻找到符合他们的学习节奏,从而激发他们深度学习。

四、终至所归

冬寒夏暑是自然的规律,生老病死是生命的规律,世间万物一切都有规律。孩子们在儿童研究中心的学习与探究也存在一定的规律,这种规律向我们揭示了孩子们学习的本质,这种车辆是一种"发现—探究—再发现—再探究"的循环式学习,也是一种"聚焦—拓展—再聚焦—再拓展"的网状式学习。

(一)"发现—探究—再发现—再探究"的循环式学习

孩子是天生的发现者、提问者、探究者,当对某一事物感兴趣时,孩子便会化身为"十万个为什么",想要一探究竟,于是他们会向他人寻求帮助,会与同伴讨论协商。在运用不同方式探究时,他们就形成了新的兴趣点,有了新的发现,于是再投入新的探究中。

【案例2-8】 探究管道运水

> 在探究管道运水后,孩子们发现了水从高处往低处流的特点,管道还可以运什么呢?一旁的小球引起了孩子们的兴趣,于是孩子们将球放入管道,小球在管道中滚动时出现了一个新的现象,孩子们发现有时小球会在原地打转,有时甚至会倒回去,难道小球可以从低处往高处滚动?这一现象激发了孩子们探究的欲望,他们变换着不同大小、材质、重量的小球,调整着管道的高低角度,想要一探究竟。

(二)"聚焦—拓展—再聚焦—再拓展"的网状式学习

众所周知,蜘蛛结网是先固定骨架,再由外向内放射出螺旋状的黏线的,蜘蛛织网的速度由慢到快,织出的网却越来越密,这是一种由外向内的聚焦。除了蜘蛛网,生活中还有很多网,这些网在编织的过程中有一个特点,由点向外扩展又回到点再扩展,这是一种"聚焦—拓展—再聚焦—再拓展"的循环。其实孩子的学习也如同结网,首先以感兴趣的内容为出发点,这就是核心的骨架,之后围绕着这一核心点向各个方向发散，尽可能找出与之相关联的内容，之后又聚焦到新的兴趣点，围绕着这个新的核心点再向外拓展。

【案例2-9】 探究蚂蚁

在"妙趣'虫'生"研究中心，孩子们对捉到的蚂蚁很感兴趣，有的孩子发现蚂蚁身上的颜色不同，便想要调查蚂蚁到底有几种颜色、不同颜色的蚂蚁有什么区别；有的孩子发现蚂蚁喜欢糖果，于是开始试验蚂蚁还喜欢吃什么、不喜欢吃什么；有的孩子发现在大草坪上有个小洞，洞洞里有很多蚂蚁，于是便忍不住用小棍捣一捣，想知道蚂蚁的家长什么样……随着老师与孩子们共同从外形特征、生长发育与繁殖、生存环境、生活习性以及与人类的关系等方面对蚂蚁的探究进行总结梳理，新的问题也不断地出现：地下的洞洞里还会有什么小昆虫？还有什么虫子喜欢吃甜食？还有什么动物也喜欢住在一起？

这种"聚焦—拓展—再聚焦—再拓展"的网状式学习，孩子发现和聚焦问题，并为了解决问题而进一步整合资源、拓宽视野，从而锁定下阶段的切入点，开展更加深入的探究。

（三）空环境到满环境的积累式学习

"空环境"是把时间、空间还给孩子，老师不再是环境创设的唯一主导者，孩子与老师同样享有自主布局空间、自由选择材料以及自行规划探究的权利。这种灵活可变、接纳多种可能性的优势，让活动回到孩子原来的意义上，回到孩子完整的生活中，回到孩子的生活学习方式上。

"空环境"并不意味着老师毫无准备，活动场域空空如也。相反，"空"的是没有了事先精密划定的区域，没有了老师做绝对主导的活动，而是给予孩子可供选择的材料，让他们自由探索，环境的"空"给了孩子更多思考和想象的空间。当老师摒弃了"教会孩子"的思维，便是交给了孩子自主学习的权利。他们从主导者退居一侧，成为一名并行者，用非常包容的心态接纳孩子对事物的认知与探索,观察着孩子在探究过程中存在的大问题和生发的兴趣点,尊重并推动着孩子的探究向更深发展。

"空环境"到"满环境"的过程记录了孩子发展的轨迹。比如,一面画满夏天食物、服饰、动植物等的墙面,唤醒孩子原有经验中对"夏"的认知,"空环境"就这样一点一点被孩子们的奇思妙想、所感所悟、发现与收获填得满满当当。

第三节　成长　让孩子感受生活的温度

忙碌的老人在厨房里几十年如一日,炊烟熏白了头发,佝偻了身姿;努力工作的年轻人拖着一身疲惫回家;背着书包放学回家的孩子一路上叽叽喳喳,与同学分享着自己班里的趣事……

生活有翘首以盼的期待,也有意想不到的惊喜,但更多的是平凡的点点滴滴,真实又温暖。

在儿童研究中心的孩子们,他们的真实生活又是怎样的呢?

 一、温暖

你觉得什么是温暖?"太阳是温暖的。""温暖是热热的感觉。""爸爸的手是暖暖的。""妈妈抱我的时候我感觉很温暖。"……在孩子的心中,温暖是最真实的触摸,是来自父母怀抱和体温的爱。

(一)温暖是认识新朋友

每一次开始,皆是美好,每一次相遇,都弥足珍贵。每天与伙伴的初次相遇,孩子们用腼腆的笑容、好奇的眼神、踌躇的脚步、不经意的触碰,一点点消融自己与新朋友的隔阂。

【案例2-10】　大姐姐的温暖

"你别哭了,姐姐带你一起玩玩具。你喜欢什么颜色的小球?"分离焦虑严重的焓焓哇哇大哭着被老师抱进教室。多宝看见一直哭闹的小妹妹,主动地靠近并轻声邀请她加入游戏,之后更是走到哪都牵着妹妹不放手,在姐姐的照顾下烙烙也逐渐稳定了情绪,开心地与小朋友们一起游戏。

【案例2-11】 突然的邀请

"Rocky,我想和你一起坐。"这几天吃完点心的泡泡都将自己的小椅子搬到Rocky身边排排坐,哪怕只是自顾自地安静看书,也要坐在一起。"泡泡,你这么喜欢Rocky呀?""对呀,我们是好朋友,Rocky很厉害的。"一旁的Rocky听到弟弟的夸奖害羞地冲我笑了笑。

上述案例中,主动抛出橄榄枝的姐姐用接纳与包容传递温暖,自带魅力的Rocky用温暖回应来自弟弟的崇拜与依赖。

当孩子们从最初的陌生到渐渐熟悉,相视一笑后的默契、手牵手玩耍的快乐以及结交新朋友的温暖就会越来越强烈。之后的每一天,无论是偶然还是擦肩而过,无论是提前约定还是常伴左右,不同个性、年龄、兴趣的孩子就会因为时时刻刻传递和感受到温暖而接纳每一个人。

(二)温暖是我知道你的名字

每个阶段的开始,孩子的心都充满了期待。随着一些陌生又熟悉的人与物、一些自己感兴趣的事与景走进视野,一次次呼唤、一次次交流都成为伙伴之间最甜蜜、最暖心的记忆。

比如,在儿童研究中心常能听到诸如"何老师,早上好!""早上好,泽泽。"问好声充满幼儿园的角角落落。与每一位老师打招呼,回应每个问好的孩子,在这里成了一道美丽的风景。

"礼拜一,能帮陈老师把这个送给胡老师吗?""可以啊。""你认识胡老师吗?""我认识,胡老师是教我们做早操的。""好的,快去快回哦。"因为彼此熟悉,幼儿园诞生了一个个优秀的"小快递员"。

"陈老师,陈老师!"放学时送走自己班的孩子,我就听到一旁楼梯传来的声音,原来是另外班级的孩子,一边叫着我一边挥手向我展示自己的作品,你一言我一语地分享着他们学到的新本领。这些转角的惊喜、随时的分享,让老师们更加了解孩子们的学习和生活状态。

"焓焓,你怎么哭了?"甜甜和泽泽在小区的滑梯旁偶遇了焓焓。"你们也认识焓焓呀?"焓焓妈妈有点疑惑地问两个不是同班的孩子。"对啊,我们是一个研究中心的,今天活动的时候她也哭了,不过后来就好啦。"甜甜一边说着一边拉起焓焓的手。"原来你们是一个研究中心的,能告诉阿姨你们叫什么名字吗?""我叫甜甜,我是童二班的,他是泽泽,他是大一班的,我们都是一个研究中心的。"即使孩子们不在同一个班级,但儿童研究中心也能让他们认识彼此,成为朋友。

在这里,孩子们认识所有的老师,他们热情地问好、大声地回应、勇敢地求助、积极地分享,而老师们也能轻松地喊出每一个孩子的名字。除了孩子和老师之间的交流,孩子与孩子的交往也跨越了班级,他们在儿童研究中心成为志同道合的伙伴。他们在楼梯的转角相视一笑,在小区的滑梯旁结伴游玩……我们的朋友是老师,是同龄的小伙伴,是弟弟妹妹,也是哥哥姐姐,甚至是其他孩子的爸爸妈妈。也许在短时间里他们并没有一起玩耍和聊天,但当他们自信地叫出对方的名字时,自信而又甜蜜。

(三)温暖是彼此服务和给予

生活中有那么多人彼此关爱,互相温暖。在小小的幼儿园里,也有许多温暖的故事。比如,午睡时间一到,孩子们陆续从柜子里推出自己的床垫开始铺床,想想很快铺好自己的床,从柜子里端出阿花的被子,一手抱在胸前,一手帮助阿花推着床垫走。妹妹在前边开心地拉着,哥哥在后面稳稳地扶着。再比如,心然和琛琛一起搭城堡,心然说:"这里还需要一个透明的积木做窗户。"琛琛回答道:"好的,我去拿,等一等我。"琛琛到积木筐里找透明积木,三角形的、长方形的、正方形的,一连找了好多块,抱着跑到心然面前,开心地拿给姐姐。"我都找来了,姐姐,我们用哪一块?"比如,有小朋友说:"这是谁的衣服乱糟糟地堆在小椅子上呀?"礼拜一听到埋怨后,赶忙拿起自己的衣服蹲在小椅子旁开始叠起来,一旁的小朋友们朝他看看,也拿了自己的衣服跟着叠了起来。很快,一件件衣服整整齐齐地叠在小椅子上。

孩子们身上温暖的故事很多很多。不同年龄的孩子会根据自己的能力大小为他人提供各种服务,是大孩子对小孩子的照顾,是小孩子的热心肠,是同龄孩子间的经验分享,更是走出幼儿园走入社区的一次次爱心传递。

原来,温暖是可以传递的,这样的温暖,需要共同呵护。

 ## 二、自由

每个人都渴望自由,就好像渴望爱。什么是自由?真正的自由不是随心所欲,而是自我主宰。这句话同样适用于孩子的世界。每个孩子都是独一无二的存在,都是自己的主人,他们有自己的思想,有喜欢的朋友。他们做想做的事,说想说的话。

(一)我想交的朋友主动交

社会性交往是儿童的一种精神需求,也是实现个体社会化的重要途径。良好的社交可以让孩子对自己产生正向的自我认知,还能与朋友共同进步。有时候,家长担心自己的孩子如何交朋友的、被拒绝了会不会受伤害、怎么教孩子交朋友,这些担心不能说不正常。事实上,孩子会有属于他们的交往的方式,这是因为他们知道自己喜欢什么,了解伙伴需要什么,以及清楚自己想要什么。

1. 我喜欢你

有时候,想成为好朋友的理由很简单,只因为你与众不同,只因为我喜欢你。

【案例2-12】 长得不一样的朋友

> 童四班今年来了一位混血小朋友阿哇。她就像是一个瓷娃娃,独特的长相让她吸引了很多小朋友。"你会说中文吗?你会说外语吗?""你的爸爸妈妈是中国人吗?"……隔壁班的甜甜小朋友很喜欢阿哇,每天都会来童四班看看,没看到就会问:"陈老师,阿哇怎么没来幼儿园呢?她今天会来吗?"当得知阿哇请假时,甜甜脸上满是失落。

因为你独特的长相,就想要和你做朋友。因为我喜欢你。

2. 我知道你

有可能是一面之缘,也有可能是认识已久。我知道你,愿意照顾你,愿意成为彼此的朋友。

【案例2-13】 日常的关心

> 一天午饭后,老师和孩子们一起去小区散步,走到滑梯旁时,孩子们便停下了脚步,那就玩一会吧。他们开心地爬上爬下,这时有个小妹妹也想一起玩。妹妹年纪小,爬梯子对她来说有难度,因此动作也比较慢,这时,跟在后面的多宝伸手扶住妹妹的腿:"妹妹小心一点哦,姐姐扶着你。"

案例中的姐姐不着急、不催促,给予耐心的等待和暖心的帮助,即使面对不认识的弟弟妹妹,她也愿意照顾。关爱与责任早已在孩子们的心底生根发芽。

3. 我需要你

需要,是一种认可,更是一种信任。慕强是每个人的天性,孩子在交朋友的时候也不自觉地想要和能干的孩子成为朋友,也会根据自己的需求主动选择适合的同伴。

"陈老师,我要和壹壹一起,他很会卷鞭炮,我想和他一起卷鞭炮。""我还是要跟果果一组,上次我们就是一组的,我们上次做的东西还没有做完,这次我们还要在一起。"

孩子们用最直白的语言表达自己对伙伴最直接的需求。他们的交往很简单,因为喜欢,因为了解,因为需要,于是他们自然而然地就成了很好的玩伴。

研究中心给每个孩子提供了选择朋友的权利,也提供了充分交往的机会。每个孩子可以按照自己所想去选择他自己喜欢的、适合的伙伴。

朋友可以是自己班级的,也可以是别的班级的;可以是同龄的小伙伴,也可以是弟弟妹妹、哥哥姐姐。孩子们有了友谊,就会在心里发芽,从互相陪伴安慰到共同学习成长。于是,从研究中心走出去的孩子有着很强的共情能力,会自然而然地伸出友情的双手。只要够主动,就能交到想要交的朋友。

(二)我想做的事大胆做

我们总希望自己的孩子自信勇敢,有敢想、敢说、敢做的胆量。然而这种"勇敢"不是一念之间的冲动。帮助孩子学会根据活动内容、自身能力提前做好计划,是"敢"的前提;对孩子的创意想法不设限,是"敢"的后盾。因此,在研究中心,我想要做的事就能大胆地去做。

1. 自己规划行动

有规划的行动,才会事半功倍。规划能让孩子做事更有条理,也能让孩子对活动更具有安全感和自信心。

【案例2-14】　自己做计划

> 活动开始了,朵朵今天仍旧选择做扇子,她将前一天未完成的扇子从"待完成区"拿出来,选择了自己需要的材料后,开始耐心地制作。很快她就完成了扇子装饰,翻过来倒过去地看了看,显然很满意。然后她将扇子摆放在了成品区,接着拿出自己的"计划书",在制作扇子一栏打了个钩。想了一想后,她又在"装饰雨伞"一栏写上了"3"。"朵朵,3是什么意思?"老师问。"我想明天装饰雨伞,明天是星期三,可是我不会写,我就写了个3。"原来朵朵是给自己计划安排了明天的任务。

案例中,孩子清楚地知道自己想做什么,并且能够用符号制订自己的计划,愿意向他人表达自己心中的目标。同时,在制订目标时,能够关注目标预计完成的时间。

2. 随心而为的空间使用

点心只能在教室里吃吗?大草坪只能用来奔跑和游戏吗?幼儿园

每一处的空间没有固定的使用说明,在这里,孩子们释放想象与创意,打造属于他们的一切。

【案例2-15】　大草坪上的点心时刻

"老师,外面开太阳了,我们今天能去大草坪边晒太阳边吃点心吗?"老师看着孩子期待的眼神,爽快地答应了。"太好啦!"孩子们欢呼着把垫子铺在大草坪上,一手端着点心碟,一手拿着牛奶,小心翼翼却又急匆匆地向大草坪走去。是啊,大草坪只能用来运动吗? 孩子告诉你"并不是",还可以在大草坪上吃点心,躺下来晒太阳,在垫子上打滚。

生活和学习应该是富有弹性的,这才能让每个孩子的每个日子惊喜不断。当孩子主导活动空间的机会越来越多,他们就越敢于抛出想法、付诸行动,用自己喜欢的方式融入环境,在每个角角落落留下自己的足迹与欢乐。

3. 这些事情我也能做

老师有时想让孩子独立完成一些事情,但一想到孩子可能做得不尽如人意,于是选择"算了吧";老师有时想让孩子勇敢试一试,但一想到孩子可能会受伤,于是选择"不了吧"。我们总是有很多顾忌,考虑到安全,考虑到规则,考虑到效果。事实上,孩子的成长总是磕磕碰碰的。只要老师大胆地放手,孩子们就有了更多不一样的体验。

因为老师相信孩子能遵守约定,所以孩子的小心愿能得以满足。比如,在一次午睡时,"老师,今天我想和彤彤睡,我们一定不会说话的。"卷小将床垫铺在彤彤的旁边,两人面对面躺下,没有窃窃私语,没有嬉戏打闹,两个小女孩手拉手相视而笑,一同闭上双眼,很快就进入了梦乡。

因为打破了学习时间和空间的限制,这样每个空间都属于孩子。比如,很多时候老师都不敢让孩子脱离自己的视线,也很少会看见孩子在幼儿园里跑上跑下,但在这里并非如此。"去找一找幼儿园里有哪些管道吧。"于是孩子们纷纷跑出研究中心,教室、卫生间、保健室、走廊、跑道……孩子们三五成群地在幼儿园上上下下、里里外外穿梭，当一转眼找不到他们的身影后，我选择在研究中心耐心等待。

有一种底气，叫作你能行！有一种豪气，叫作你可以！自由环境中生长的孩子，不会总是瞻前顾后，想做的事便大胆地去做。

(三)我想说的话畅快说

很多时候，我们都在听别人说，仿佛听故事是一种很享受的事。其实，说故事又何尝不是一种享受，说出自己的想法又何尝不需要勇气?!为了让孩子能畅快地说，我们搭建起自由表达的平台。在这里，没有欲言又止，也没有欲说还休。一种是面向集体的小话题，不设限的内容分享，只为听到更多人的声音。另一种是闲暇时刻的三五成群，分享专属于你我的小秘密。最后，独处的自我表达也是能被看见的，自己诉说着埋藏在心底的那些话。

1. 分享·小话题时光

每天我们都有属于自己的小话题时光。可以是一次，也可以是多次；可能在饭后，也可能在睡前。总之，没有规定的次数，也没有固定的时间，只是一场闲聊，一次面向集体的分享时光。聊什么呢？

"暑假我和妈妈、姐姐去了青岛，我看到了大海，还做了小船长。""我也去了海边，我捡了很多好看的贝壳。"……

"我不会挂衣服。"恬恬说出了自己的困难，于是我们一起讨论怎么挂衣服，大孩子分享自己的经验，一招一式井井有条；小孩子也有自己的办法，拿着衣服横穿过衣架了。大家笑了起来，这也不失为一个好办法。

"我今天在研究中心用易腐垃圾制作了肥料!"俊泽兴奋地分享制作肥料的步骤。

小话题时光营造了自由表达的氛围，在这里大家敢说敢想。比如，孩子们会羡慕其他孩子和爸爸妈妈去海边旅行，于是自己也谈起假期出游计划；他们会毫无保留地说出自己的疑惑，于是孩子们就会帮他出更多的金点子；他们还会大胆地为他人出游出谋划策，因受到其他孩子

称赞而开心不已。

2. 随性·闲暇时刻

儿童研究中心的交流不局限在集体中,孩子与老师、孩子与孩子一天中有充分的时间表达。他们有时两人一组、三人一簇,看似无事可做,但其实在悄悄话中传递着孩子们之间的小秘密,拉近了心与心的距离。

"今天你到我家来玩吧。""可是我晚上要去上画画课。""那你上完课来我家呀,我们可以玩……"饭后两个小女孩窝在小沙发上,凑在一起聊起了悄悄话。

"陈老师,我跟你说个秘密。"一见面哼哼便神秘地冲我招招手,示意我弯下腰,凑近我的耳朵悄悄地说:"我今天带了个很厉害的新玩具……"我笑眯眯地看着哼哼手舞足蹈地跟我分享着他的快乐。

上述案例中的场景对话在一日生活中每时每刻都在发生着。孩子和成人一样,也需要有闲暇松散的时光,释放情绪、调节心情、结交好友,让生活充满温情。

3. 100种表达·自由涂鸦

一百个孩子就有一百种语言,一百双手,一百个想法,一百种思考、游戏、说话的方式,一百种倾听、惊奇、爱的方式,一百种歌唱的旋律。谁说表达只能用说的形式,涂鸦也未尝不可。绘画是孩子自我表达的另一重要途径。一支粉笔、一块抹布,就能让孩子沉浸在自己的小世界中,稚嫩的画笔下,流淌着最本真的情感。除此之外,表情、肢体等无不透露着他们的内心世界的喜、怒、哀、乐。

世界在儿童眼里充满了未知,他们会用自己的方式去探索奇妙的世界,探索世界的方法是多样的,可能是看、是听、是闻、是触摸……但是,谁都不知道,下一秒他们会用什么"手段"来探索和表达对这个世界新的认知,通过成百上千种语言来表达他们自己的世界。有一百种语言,就有一百种可能。

 **三、独立**

在孩子们的心中，父母就是最坚强的后盾，但没有人永远停留在孩童时代，也没有人能永远躲在家庭的屋檐下。学会独立是每个人一生中迟早要面对的事情，独立意味着自己的路自己走，自己的事自己去完成。

(一)做需要自己做的事

陈鹤琴曾说："凡是孩子自己能做的，应该让他自己去做；凡是孩子自己能够想的，应该让他自己想。"在成长的过程中，总有一些事需要孩子们自己去做，总有一些问题需要孩子们自己去思考和解决。当与爸爸妈妈挥手告别进入幼儿园的大门后，孩子们就开启了独立的生活与学习的门。比如，午睡时，哼哼能脱下外套，拿来衣架挂好，又脱下毛衣、外裤后整齐地放在脚边，像条小蚯蚓，一拱一拱钻进被子，安静地躺好闭上双眼，准备入睡。在起床音乐响起后，哼哼又能麻利地穿上衣服、扣好扣子。

幼儿园是一个小集体、小社会，不同于家里的无拘无束，孩子在园里有特定的规则和一日生活。孩子初入园，面临多重的挑战与冲突。"哇哇"的哭声是被迫与家人分离，独自面对陌生环境的情感冲突；行动时的犹豫迟凝代表的是家庭生活习惯与有组织、有规则的班级生活的组织冲突；"老师，他打我！""你是我的好朋友吗？"是身份转变后在群体生活中的人际交往冲突。尽管孩子们不断遭遇着新生活、新事物的冲击，但在成长的过程中，这些都需要依靠，孩子们积极主动去完成着自身角色的建构，履行着自身社会化的使命。

(二)做应该自己做的事

孩子身处幼儿园，除了参与喜欢的活动，做想做的事情，他们也有需要承担的责任，有应该自己做的事。可能他们一开始并不会，但他们可以学着去做。

未来的发展究竟是什么样的，没有人能给出答案，孩子到底应该学些什么，也没有人能明确。但我们知道，独立生存的能力、承担责任的能力、控制情绪的能力、独立思考的能力、团队合作的能力以及抗压能力等是孩子将来立足社会的保障。那么，应该做什么也就不言而喻了。应该自己做的事是指向能力发展的事，更是一种品质和态度。比如，中饭时，大孩子除了排队自主取餐，还需要当值日生帮助弟弟妹妹盛饭菜。遇到喜欢吃牛柳的弟弟，他们就要给弟弟多盛一点；遇到今天胃口不佳的妹妹，他们就会温柔地问问够不够。自主取餐是大孩子对自己需求的明确，在老师提醒的基础上根据自己的喜好选择吃多吃少。帮助弟弟妹妹盛饭是他们在学会照顾自己的基础上学会关心照顾他人。

穿上黄马甲、拿起体温计——早上幼儿园的门口多了一道独特的身影。"叔叔，请出示健康码。""阿姨，量一下体温。"——重要的规则由孩子们执行，幼儿园的安全由他们来守护！当孩子们逐渐认识到自己是幼儿园大家庭的一份子、是幼儿园的小管家时，责任感便油然而生。

"我们把展示台摆在这里吧，这样收集的扇子、绘本放在这里，大家一进来就能看到。"于是包包和凡凡开始去拖需要的桌椅；"我们收集了这么多石头，开一个石头博物馆吧。"于是睿睿和天天开始了对石头的分类、标记；"这里放个树洞，我的小松鼠就可以在树洞冬眠了。"于是久久找来大小不同的盒子开始剪剪贴贴……在儿童研究中心，孩子们为营造自己想要的研究环境出谋划策，忙前忙后地准备。学习环境不再由老师决定，而由自己把握、自己创造。

四、挑战

如果说一块棒棒糖能让孩子感受到幸福，那么当你完成某种挑战后所获得的快乐，则是一种长久的幸福。让每一天都拥有小小的挑战，营造一种竞争的氛围，让孩子时刻保持一颗积极向上的心，会让孩子更加热爱生活，珍惜生活。

（一）长者为师的带动

现如今，我们提倡知者为师、能者为师，以知识和能力掌握的程度为标准，与年龄没有必然联系。这的确没错，但在中国传统文化中，历来有长者为尊的说法，自然是尊崇长者的，这也不无道理。年长者，经历和阅历都更为丰富,足以承担起某种社会责任。在幼儿园里,我们也会发现,相较于小孩子,大部分的大孩子更熟悉周围的环境,对于集体生活的规则意识和任务意识也都更为明确,同时在语言、思维、社会交往等方面的发展也更具优势。"长者"的带动在孩子们的交往过程中起着重要的作用。

【案例2-16】 我会说更多话了

肉肉的语言表达能力较弱,刚开始不怎么说话,偶尔说话也口齿不清。哥哥俊泽一到看书时间就会给肉肉讲故事,虽然自己也不认识几个字,但看图说话也说得声情并茂,一旁的肉肉听得津津有味。渐渐地,肉肉有了更强的表达欲望,哥哥说两句,他拣着自己听得懂的跟一句。肉肉的妈妈也跟我说:"陈老师,他最近会说很多词了,是从班级里小朋友那听来的吧。"

混龄背景下的生活为孩子们提供开放、多样的语言环境,大龄孩子的语言组织方式、词汇量以及发音都会对幼龄孩子产生模仿效应。

【案例2-17】 一包薯条

朵朵在为生日聚会制作手工小礼物薯条,一旁的小米看到了也想做。"我来教你吧。"朵朵自告奋勇当起了小老师。"先拿一些黄色的黏土,不要太多哦,要搓成细细的长条。"朵朵一边说一边示范着,一旁的小米模仿着朵朵做,搓成了短短的小条,小米将薯条举到朵朵眼前,"这太短了!"朵朵看着矮胖的薯条笑出了声,接过薯条帮小米加工,小米也笑出了声,又重新取了一块黏土继续搓……在朵朵的指导下,小米成功制作出了一包薯条。

大带小、小促大的氛围为小年龄段孩子提供更多看、听、模仿的机会,也给予了大年龄段孩子更多讲解、操作、示范的机会,彼此间的学习有助于激起孩子好奇、探索、求知的欲望。

(二)能者为师的努力

不只有大孩子才能做小老师,在儿童研究中心,不问年龄,只看能力,小孩子也可能带有巨大的能量。

【案例2-18】 3岁的优秀员工

> 旅行周活动开始了,让阿花做夏诗馆摊位的工作人员,一开始我是担心的,毕竟她是才3岁的孩子,我既担心她不会收营,又担心她因为害羞不敢招揽生意。可是,令我没想到的是,活动开始了,这个小小的人儿把事情安排得井井有条,让姐姐收营,自己大方地介绍着我们的诗歌,没有顾客时就到处走,边走边大声吆喝着:"夏诗馆有好听的诗歌,快来听一听吧。"

即使是小年龄段的孩子,在摸索、尝试的过程中也能有金点子诞生,也能为他人提供一种学习和模仿的方式。老师的鼓励和支持营造了能者为师的氛围,小孩子发现自己也能成为哥哥姐姐的小老师,不仅增强了他们的自信心,提升了成就感,也激励着他们做得更好,对自己提出更高的要求。

(三)动态复杂的交往

混龄模式为孩子们呈现了一个动态、复杂的交际圈。在这里,不同年龄段的孩子齐聚一堂;在这里,每年孩子们都在迎来送往;在这里,孩子们学会自我约束,适应和各种性格的人打交道。

1. 沟通:和不同的同伴相处

混龄编班就好像一个社会的缩影。在不同年龄儿童之间和谐相处,这种和谐相处很难在成年人与同龄儿童之间发现。3—4岁的孩子作为班级中年龄最小的群体,大部分属于被保护、被关注的对象;6岁的孩子作为班里的大哥哥大姐姐,更多时候起到了带头的作用,是弟弟妹妹们模仿、求助的对象;相对而言,5岁孩子的地位就有些微妙了,上有哥哥姐姐,下有弟弟妹妹,就如同中年人上有老下有小的处境。

【案例2-19】 再哭一分钟

3岁的焓焓比较害羞,到一个新的环境容易焦虑。刚到研究中心时,她发现没有一个认识的朋友,于是开始哇哇大哭。过了2分钟,一旁的哈哈冲着焓焓大声吼道:"你吵死了,别哭了。"焓焓愣了一下,哭得更加厉害,一旁6岁的甜甜看到以后对哈哈说:"你不要凶妹妹,你让她哭一会儿,我们小的时候都会哭的呀。""对啊,我们班有个小弟弟也总是哭。"包子附和道。哈哈看到其他小朋友都很照顾妹妹,倔强地把头扭向一边说:"那我就让她再哭1分钟。"后来,在大家的照顾下,焓焓不再焦虑,也有了新朋友。

庆幸的是,在这个混龄的小社会中,这些孩子与"小皇帝""小公主"不同,他们友爱、互助、独立,有秩序、懂礼貌、会协作,他们在这个自由和谐的空间里自然、健康地成长。

2. 调节:调整自己的情绪

情绪是重要的社交线索,是儿童适应生存、融入社会的心理通道。积极的情绪会让人信心满满,而消极的情绪则会让人变得颓废。一个不能掌控自己情绪的人,轻则伤害自己,重则伤害他人。因此,我们希望孩子做情绪的主人,希望孩子能学会调整自己的情绪。在混龄的生活场域中,孩子的情绪更加多元,面临着更多的挑战。

【案例2-20】 我来吧,谁叫我是姐姐呢

活动结束的音乐声响起,听到音乐的礼拜一开始收拾玩具,可是一旁的弟弟妹妹却还在玩,礼拜一想从肉肉手中拿走玩具,可是肉肉始终不松手,礼拜一有点着急,大声说:"肉肉,收玩具了。"肉肉不听,反而拿起玩具转身往外跑。弟弟妹妹们玩具收了一半就离开了,礼拜一有点着急又有点委屈地嘟囔:"为什么你们玩好都不收呢?总是我一个人收。"她停下手中的活皱着眉头发呆,过了一会又重新捡起散落在地上的玩具:"算了,还是我收吧,因为我是姐姐。"

也许有些不满,也许有些委屈,但没有抵触抗争,也没有号啕大哭,仅仅是心里难过了一会儿,嘟囔了几句,就又收拾好心情重新出发。这一过程虽然也就几分钟,但孩子的情绪却经历了千回百转。

3. 接纳:喜欢自己也欣赏他人

"梅须逊雪三分白,雪却输梅一段香。"每个人都有自己的所长,亦有所短,正因为各有所长,我们才能相辅相成,学会喜欢自己也学会欣赏别人,这才是正确的人生态度。

【案例2-21】 都好看的小乌龟

> 这天几个孩子在画小乌龟,哼哼突发奇想画了两只上下叠在一起的乌龟,下面一只大,上面一只小。琛琛画了三只排队爬山坡的乌龟,不仅乌龟画得很形象,画面的场景也很生动。在分享环节,我请孩子们评价,哼哼说:"琛琛画的很好看,她给小乌龟穿了好看的衣服。我的也很好看,我画的是乌龟妈妈背着乌龟宝宝做游戏。"

有的孩子总是喜欢抢玩具,但他能搭出高楼大厦;有的孩子吃饭很慢,但她的餐桌收拾得很干净;有的孩子上课总是叽叽喳喳,但脑袋里有着很多奇思妙想……不会欣赏自己的人容易自卑,不会欣赏别人的人容易傲慢。我们的孩子在复杂的交际圈里,学会从不同角度发现别人更多的优点,接纳他、喜欢她。

至味在人间,至爱在生活。我们从生活中来,终将走向生活,生活不会说话,却潜移默化地影响着我们。我们的生活在继续着,孩子们的故事也在继续着……

第三章

旅程　儿童的探究行程

　　有人说,旅行是人生之中最美好的事,因为在行走的路上看到了快乐的身影;有人说,旅行是一种遇见,遇见未知的世界和自己;有人说,旅行是给自己最好的慰藉,让身心走向更广阔的天地……人们总是在成长的旅程中发现生活之美。童年的这趟旅行,赋予孩子更宽广无限的成长空间与机会,让他们徜徉于多元的文化海洋里,邂逅每一个神奇的瞬间,发现更多的秘密……在这里没有年龄的分界,在这里让孩子的成长回归自然生态,在这里开启无限的快乐之旅!

　　现在,请收拾好行囊,约上自己最亲密的旅伴,踏上期待已久的旅途,风景旖旎,慢慢欣赏……

第一节　探究随时随地发生

诉说时光里的故事,把生活中的每一分钟都编织成歌。没错,从孩子呱呱坠地开始,快乐便萦绕左右,美好便随时发生。亦如儿童研究中心的成长故事,无边界、无领域、无限制,总是能让我们看到很多惊喜的瞬间、感动的片刻。

"无风水面琉璃滑,不觉船移,微动涟漪。"如果说孩子是一个小小的涟漪,那么家庭、幼儿园、社会就是风与浪,孩子们随风浪漂流与涌动,大小不同的涟漪交织在一起激起快乐的浪花。

 一、来自家庭的声音

家是一座加油站,家是疲惫时停泊的港湾,家是一盏灯、一排屋檐、一张柔软的床,无论身在何处,家近在咫尺。家里,孩子们可以无忧无虑享受童年时光。在家里,孩子会更放松、更大胆,更愿意释放自己。家是探究的"发源地",家是幼儿园里的永恒的话题。

(一)孩子带来的家庭轶事

孩子是一张纯洁的白纸,在这张白纸上会画出现什么样的画面,往往和他们的家庭有关。100个孩子有100个不一样的家庭。家庭的趣闻轶事是孩子间源源不断话题。

1. 自然携带家的影子

孩子是家庭的缩影,总是会在不经意间呈现自带的家庭基因。孩子的自我认知、对待他人的方式,以及他们的世界观、价值观等都和家庭有关。

表3-1　孩子的行为与家庭环境的关系

孩子的言行举止	家庭环境的分析
"老师,我也想像妹妹一样,整天在家跟妈妈在一起。"	突如其来的二胎让大宝失宠了,致使大宝情绪低落,想和妹妹一起待在家,不想出门上学。
"为什么他可以获得优秀员工,我也想要……"	独生子女家庭给予了更多宠爱,安安在有求必应的环境中习惯了快速满足。
"那个小朋友的玩具不给我,我也想玩,老师,要么你给我讲故事吧!"	家庭的人员结构较为单一,心心随着年龄的增长逐渐表现出强烈的与伙伴交往的需求,但是在出现阻碍的时候,会习惯性退缩。她更依赖于向成人表达诉求。
"老师,你这个还要吗? 不要了我去扔垃圾桶了哦。" "我知道剪刀在哪里,我去帮你拿。"	同同对家庭劳动表现出了极大的热情,他喜欢通过帮助他人获得满足感。

　　从孩子们的一言一行、一颦一笑的背后,我们能够看到他们家庭环境的深刻影响,能够从中看到其各自的心理需求、情绪现状等,而老师就从家的影子里,找到了每一个孩子的个性需求。

　　2. "口口相传"的经验

【案例3-1】　青蛙的生长

　　"我爸爸告诉我,蝌蚪先长后腿,然后再长前腿,它的腿长出来后要给小蝌蚪准备一些泥土,像在陆地上一样,不然蝌蚪会死的。"在一场关于生命成长的探究中,阿宝自信地对伙伴说着。

　　儿童研究中心开展生命成长探究期间,关于"生长奥秘"的话题通过孩子在每个家庭中都传播开了。在小蝌蚪的养育过程中,家长及时给予的指导,为孩子们对小蝌蚪生长环境的探究激发了一个新的兴趣点。

"我听奶奶说过一个成语叫藕断丝连,意思就是藕断了,丝还连着的。"甘甘边说边向老师展示自己刚刚切开的、挂着藕丝的两截藕。

"我的奶奶在剥莲子的时候,是先把干莲子泡在水里的,等莲子捏上去不那么硬的时候就可以剥了。"说着,甘甘便拿着塑料盆去教室里接水了。

当甘甘在探究"莲"时,可以看到家庭日常带给孩子的生活经验,为他提供了多角度观察、分析、了解"莲"的视角和方法。有着浓厚生活情调的家庭中出来的孩子,拥有大量经验迁移的素材,为探究持续发生提供了养分。

由此可见,孩子们"口口相传"的家庭经验,成了儿童研究中心每位孩子探究的"源泉",它时而激发孩子们开启探究的灵感,时而提供孩子们持续探究所需的信息。它就像一个连接起家庭和幼儿园的"绳索",让孩子们的探究持续深入、不断贯通。

(二)家长带来的"童言趣事"

孩子是天真烂漫、憨直可爱的……他们的世界有太多的好奇。从他们降临到这个世界开始,他们就在以自己的方式认识这个万千世界,并以不同的方式表达他们对世界的理解。而这些表达瞬间,被家长捕捉到之后便成了一件件"童言趣事"。

1. 发现孩子的兴趣

每个孩子都有自己感兴趣的东西,比如"搭积木""玩泥巴""滑滑梯"等等。面对自己爱不释手的玩具,他们总会用自己的方式摆弄许久,有时还会在玩耍的过程中找寻出更多的玩法。只有找到孩子们的兴趣点,才能驱动他们深度学习。

【案例3-3】 关于兔子的100问

"奥莉这一周真的像变了一个人一样,每天在问我关于兔子的各

种问题,如兔子什么时候睡觉? 兔子要洗澡吗? 兔子一次可以吃多少胡萝卜? 我们家可以养兔子吗? ……"奥莉妈妈滔滔不绝地跟老师说着。

【案例3-4】 古代兵马俑

"爸爸,你知道我们的地底下还有很多不会动的人哦。"

"爸爸,这些人排着整齐的队伍,有一样的发型,都是单眼皮,有的跪着,但大部分都站着……"

从以上两位家长的话题中,我们可以发现:当孩子对一件事情打破砂锅问到底的时候,让孩子们自主感知、亲身体验的契机就到了;当孩子对一件事情有着强烈的分享欲望时,让孩子们畅所欲言并付诸行动的时机就到了。

2. 发现孩子的需要

说到需要,无论哪个人处在哪个阶段,都有自己的需要。孩子更是如此,他们有生理上的需要,也有心理上的需要,他们有学习上的需要,生活上的需要,更有交往上的需要,这些需要都急需被看到。虽然他们有时会自给自足,会采取行动满足自己的需要,但很多时候,孩子们对自己的需要是不清晰的,所以就少不了成人的关注、解读和支持。

表3-2 家长疑惑与幼儿需求解读

需求类别	家长的声音	老师的见解
A类	豆爸:我发现最近豆豆只愿意在家里上厕所,换一个地方就爱憋着,怎么跟他说都没用,真担心他会憋出问题来。 朵妈:刚入园的第一周,朵朵回家越来越黏我,晚上我离开一会儿,她都要哭,为什么会这样?	孩子环境适应、情绪调整的能力正在逐步提升,我们需要给孩子们创造更多熟悉和亲近幼儿园环境的机会。

需求类别	家长的声音	老师的见解
B类	悠爸:我们家悠悠最近在家经常"指挥"我和她妈妈做这做那,自己的事情不愿意做。她在幼儿园有没有类似的情况,大家喜欢跟她一起玩吗? 果妈:最近小区里同班的孩子们在玩的时候都在说,班里某某小朋友爱打人,都不愿意跟她做朋友,真的有这回事吗?我该如何引导?	孩子们进入了交往的敏感期,他们在不断地吸收各种交往方式,需要我们创设更多的交往情境,了解多种交往策略。
C类	浩妈:我们家孩子太犟了,为了把我们家鞋柜的鞋子放整齐,礼拜天和我闹了一个下午。把已经放得很整齐的鞋子,一双一双拿出来,非要按照从小到大的顺序排,不管是谁的,都放在一起。 皮爸:我们家孩子总是怕这怕那的,以前小一点的时候,不喜欢坐电梯,现在我又发现,以前她很喜欢的长毛狗,现在小区里看到就远远走开。	不同阶段的孩子们会经历各种敏感期,顺应他们的需求,能够让他们在敏感期获得快速发展。

通过上表不难发现,家长们眼中孩子的各种言行其实蕴藏着每一个孩子正在经历的阶段以及他们的成长需求。透过现象,老师们需要了解事情的全貌,并结合能力发展的规律,解读孩子们当下需要被看见、被理解、被支持的内容,通过生活这一大型的学习场,形成多种多样的学习内容,让孩子们在丰富的体验与探究中更好地成长。

 ## 二、来自幼儿园的故事

幼儿园是孩子从家庭走向社会的第一站,孩子对幼儿园的人、事、物有着一种有别于家庭环境的新奇和兴趣。幼儿园对孩子来说,也是一个充满惊喜的礼物盒子,这里一枝一叶、一草一木的变化,新玩具与新朋友的到来,都会在不经意间给他们带来不一样的快乐。幼儿园也是一个信息大量汇聚、"新闻"持续出现的场所,幼儿园的大事或小事、孩子经历的奇事或趣事,都可以被转化成孩子探究的内容。

(一)环境中的特有与新有

孩子在幼儿园的生活就是一个慢慢充实的过程,每一处环境、每一个新增的物品,对他们来说可能都会带来无穷的乐趣与想象。幼儿园的下水道、四季变化的水池、三楼平台的种植地、不断变化的花墙、纵横交织的磁性板……这些看似固有的设施和环境,也许在孩子们的眼中就能生发出新的探究价值。

1. 能变的"他·她·它"墙

"这个哥哥我认识的。""我觉得这个妹妹好可爱啊!""我知道他的名字,他和我是同一个研究中心的。""这个姐姐上次帮助过我的。""我们好朋友放在一起好吗?"

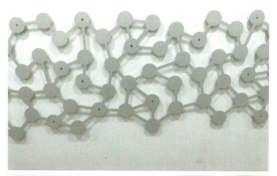

纵横交织的磁性板被孩子们拿来变成了"交往墙"。刚开始,孩子们想把幼儿园所有的小伙伴都粘贴在上面,让大家都能看见。慢慢地,有的孩子们开始悄悄地移动上面的照片,换个位置,把自己的好朋友放在一起,有的孩子通过各种办

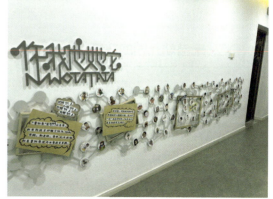

图3-1 关于孩子们的"他·她·它"

法想要知道照片上的漂亮妹妹叫什么,甚至还有的孩子们在偷偷比赛,看谁能够在一周内交到更多的朋友。

在这面空空如也的磁性墙慢慢变成一个"社交"平台的过程中,孩子们也经历了从犹豫、胆怯、被动到坚定、渴望、主动的转变。这个过程是孩子们学习与发展的过程。它来源于老师对孩子想法的捕捉和尊重,来源于老师对这些孩子交往行为的鼓励,来源于老师对所有孩子交往需求的支持。

2. 没有水源的种植地

一块坐落在房屋顶上的种植地,因为没有水源,连老师都有点嫌弃它,孩子们会喜欢吗? 硬件设施上的缺憾,却撬动了孩子们解决问题的热情。"种一些不用经常浇水的植物吧。"于是,孩子们开始翻阅相关书籍资料、走访花鸟市场,急着让爸爸妈妈一起准备一两种能够抗旱的植物。"怎么过了两天,植物就干枯了?"孩子们便开始进行观察,找虫害、查根系……"泥土裂开了,原来是渴死了。"三楼平顶的烈日,连耐旱的植物也难逃一劫,孩子们转念开始研究如何浇水。制作集雨装置、安装调水滑轮等等。为解决浇水问题,孩子们经历了调整、协商、尝试、分析、再尝试过程,当三楼的牵牛花苏醒过来的时候,老师们都不得不感叹孩子们的无穷智慧。

(二)幼儿园里的人和事

"我们小程老师很酷的。""这首歌是我们老师教我的。""今天老师教我画大象了……"这是孩子们眼中的老师。是的,在孩子们眼中,老师是他们最亲密的伙伴,幼儿园是孩子的"第二个家"。幼儿园孩子们的话题总是会源源不断,有趣的故事也时有发生。

1. 每一个人

每一个人都是一个会行走的资源包。懂得养生的老师,会经常在自己的水杯里浸入各种不同的茶包,爱看报纸的保安叔叔有张口讲故事的本领。每个人的爱好、本领、特长、个性不同,关注的领域、生活的态度、个人的追求都不相同。而这些不同恰恰吸引着孩子们,他们好奇、好问、好模仿。

在孩子们的眼里,老师是无所不能的。老师是音乐家、大画家,老师是工程师、大工匠,老师是超级战士,还是无所不能的"魔法师"。在孩子眼中每一个身怀绝技的老师,都值得他们关注、崇拜和学习。就比如说,研究中心有一位"猴子"老师,见识过她爬网的孩子都会露出惊叹的表情,"老师爬得也太快了吧!"孩子忍不住投去佩服的眼光,尤其是大孩子跃跃欲试地想要和罗老师讨教一番,也期待着有一天可以和她切磋一下。

每天都会见面的晨检医生,也是孩子们眼中的"大人物"。"医生看到血不害怕。""医生看到手臂肿了有办法。""她能一下找到身体不舒服的原因。"说话温柔、耐心细致的医生总能在孩子们心中注入一剂"安定针",于是,孩子们学着医生姐姐轻轻地说话,着急的时候就想要努力地冷静下来。"啊,嘴巴张开。""来,量一下体温。""今天的午餐好吃吗?"这些孩子们再熟悉不过的言语和动作,又让他们在了解"医生"职业时向前走近了一步。

身穿黑色制服、手握长长警棍的保安叔叔有时严肃,有时可爱,是很多男孩子心中的榜样。"保安叔叔一直守着幼儿园的大门,是大家的安全保卫勇士。""保安叔叔看到我们还能叫出我们每个小朋友的名字,拥有一个神奇的大脑袋。""他的本领很多,能修窗户、组装柜子。"于是,当研究中心即将开设体验周的时候,负责在各个幼儿园出入口担任"小保安"的孩子们,开始就如何当好保安展开了对保安叔叔的采访。当研究中心的孩子们遇到组装鞋架的难题时,孩子们又一次找到保安叔叔,让他为大家介绍螺丝刀、锤子的使用方法。

总能烧出美味可口的饭菜的大厨,也是孩子们长大了渴望成为的人,每当吃到对味的食物,孩子们总是会发出"我以后要当厨师"的感慨。有一天,孩子们终于盼来了他们超级喜爱的糖醋里脊这道菜时,关于如何制作糖醋里脊的讨论便在饭桌上传开了,让原本应该专心吃饭的孩子们全部走了神。想知道糖醋里脊到底怎么做的? 不能走进食堂的孩子们,准备把大厨叔叔请出来。邀约时间—现场学习—真实拓展,一系列的活动自然而然地展开着,孩子们产生了对各种食材尝试烹饪的兴趣,甚至开始张罗着用自己所学到的知识,给同伴们做个营养餐。

在这里,每一位成人都会把这里当成自己的家,会用心在这里"生活",给予孩子们一种成长的力量,形成一种丰富的学习资源,面对自己喜欢的内容、感兴趣的话题总是会驻足留恋,停下自己的脚步,留下自己探究的痕迹。

2. 每一件事

"生活本身,才是教育的起点和归宿。"孩子的成长就是在生活中经历一件件事、克服一个个困难、实现一个个想法中进行的。因此,与孩子们一起发现、处理、享受生活中的每件事情,就是与孩子探索生活的意义。

有时候,幼儿园一直在追求给孩子们营造一种和谐、安定、可控的成长环境,会时刻规避一些突发的事件,尽量让孩子们在不知情、不参与的过程中快速解决问题。殊不知,在孩子们的眼中,突发的事情是一种有趣的变化、是一项新奇的挑战、是一次难忘的经历。一同经历过一次次突发的事件之后,就会发现孩子在不经意间有了另外的模样。

【案例3-5】 走廊不一样了

> "今天我是从大草坪走到教室的。""我也是,我看到那边走廊被圈起来了。""嗯嗯,是的,用一个很高的'围栏'围起来了。"一大早,孩子们七嘴八舌地讨论起了"不一样的走廊"。"老师,那边为什么要围起来啊?""那我们去小公园怎么办啊?"孩子们又开始担忧起来。这时,看着这一切的老师,悠然地对孩子们说道:"那我们就去找找,看从门口到教室有多少条路线吧!"

大事能够让孩子有更多机会直面危机或者变化,变化则能够激励孩子换个角度解决问题。老师们用一条被提前"阻隔"的通道换来了孩子无数次的探索,他们通过爬楼、记录、讨论、标记发现并绘制了第二条、第三条通往教室的新路线。孩子们陶醉在"不方便"中,发现"新大陆"的成

图3-2 探索新的路线

就感增加了孩子迎接将来每一次变化与突发事件的底气,自选路线的新鲜感也让孩子们感受到了不确定性带来的乐趣并坚定了孩子用不同角度发现和解决问题的想法。

有孩子的地方就有故事,伙伴之间会有互不相让的争执,也会有理解。孩子们会突然想搬去露台吃中饭,也会有闷闷不乐找"那个"姐姐和自己玩的时候。细腻的孩子能够最早发现樱花开了,执着的孩子会打开一个个窨井盖探看地下水流。这些不起眼的小事,也折射出每一个孩子的兴趣和个性。

【案例3-6】 船会沉怎么办?

最近孩子们想方设法在用大水桶制作一艘能够乘坐的龙舟,但眼前这艘还没载客的船,在水池里放了没一会就开始倾斜,是什么原因呢? 有孩子说:"胶带都不黏了,船快散架了。"也有孩子说:"那我们用绳子把他们绑紧。"还有孩子反驳:"那得用很多绳子,打结很难的。"感受到孩子们的苦恼,老师想是时候让孩子们重新探究了。

小事成为一把老师观察孩子的放大镜。在每一件发生的小事中,听听孩子说了什么、看看孩子发现了什么、问问孩子想要怎么做,老师就知道孩子对生活、学习的态度是什么,就能理解孩子的期待与困难。

三、来自社会的信息

我们所处的社会大环境每天都在发生着奇闻趣事，也时常曝出热点话题。得益于发达的信息传媒，这些包罗万象信息在各大线上线下平台及时传递给屏幕前的"看客"。社会信息对成人而言，会以极快的速度催生出一系列茶余饭后的话题；对孩子而言，他们耳濡目染于其中，只需成人稍做启发与引导，便产生自己的好奇和疑问，而一旦他们把注意力从自己、家庭、幼儿园转移到更大的领域，一切探索的旅程就自然开始了。

（一）热点和趣事

春风化雨，润物无声。日常生活中孩子熟悉的人和事，会在潜移默化中影响着孩子。有时候，他们可能只是没有表达，但是一切都播撒在孩子们的心中。别看孩子年龄小，但是学习能力强，他们会不断积累周围世界的经验，让自己逐渐壮大。我们生活的社会大背景、赖以生存的社区，在幼儿教育中起着关键性的作用。

1. 身边的热点

每个阶段都有在我们身边发生的重大赛事，比如奥运会、亚运会、世界杯等；某个时期在我们身边出现的各种公益活动，比如光盘行动、垃圾分类等；特殊时刻在我们身边发生的各种事件，比如核酸检测、隔离封控、查码测温等。孩子们身处在大社会中，这些热点其实也都在与他们产生着千丝万缕的联系，因此，身边的热点事件也是孩子们需要了解与关注的重要事件。

【案例3-7】 运动项目初探究

> 运动博览馆中，孩子们调查了很多亚运会比赛的项目。请来一睹孩子们体验运动项目的表现吧！
>
> 水上运动：你画我猜。"一艘船、两把桨"，元宝准确地捕捉到了赛艇运动的特征，大家一下子就猜了出来。3岁的兰兰画了一个圆圆的

脑袋后就不知道要怎么画了,于是可乐哥哥在圆圆的脑袋下画出了一个头朝下腿朝上的人,小满立马回答道:"跳水运动。"

乒乓球:孩子们在乒乓球比赛休息的间隙把目光聚焦到乒乓球桌上。"捏捏,你看乒乓球桌底下有什么呀?"捏捏蹲下身仔细瞧了瞧:"有轮子。"他认真地围着乒乓球桌走了一圈,嘴里还默念着,"1、2……有8个。"接着他和元宝合作测量了乒乓球桌的高度。

从以上的案例中,能够看到有的孩子对运动项目的场地、设备进行观察,并乐于表达自己的发现。有的孩子则对运动特征产生了浓厚的探究欲望。一场迎接亚运会的行动,让孩子们从只知道杭州要承办亚运会的消息,到投入对各种运动赛事、运动明星、项目规则甚至是很多运动历史的了解中。

2. 周围的趣事

在成人的世界里,处理所谓的"要紧事"是他们每天生活和工作的当务之急,每天都在为生计奔波和忙碌。而孩子们就截然相反,他们往往对一些生活中平常事抱有很大的热情;对成人烦心事表现出了强烈的探究意愿。所以,成人身边发生的要紧事、烦心事都能成为孩子们眼中值得一探究竟的有趣事。

【案例3-8】 幼儿园的小义工

老师们最近遇上了头疼事,有些家长送孩子上学时没有主动出示绿码的习惯。直接指出?逐一提醒?总不是长久之计。当门口值岗的老师们提到这件事情时,孩子们竟然对门口看码、测温的"工作"表现出了极大的热情。

"当大人们不出示绿码时,我该怎么说?""到底为什么要出示健康码?"……孩子们在正式上岗之前做足了功课:了解健康码的价值所在、知道健康码蕴藏的功能、反复演练提醒他们的场景、制作提示信息等。

图3-3　幼儿园的小义工

在这次"义工"行动中,孩子们在收集资料、模拟情景、讨论问题及表现表达的过程中,发现了习以为常的健康码其实蕴含了巨大的价值。当孩子们进一步对这个事物有了更全面的理解之后,他们对如何解决不出示绿码的问题时,就产生了很多具体而有效的策略,这在很大程度上推动了孩子们对生活事件的参与度,也培养了孩子透过生活现象探索其背后原因的思维习惯。

(二)节庆和风俗

俗话说:"百里不同风,千里不同俗。"同样一个节日,大江南北,过法却不一样。然而在每个人的童年记忆里,节日犹如一张张最为清晰的底片,蕴藏着心底最美好的感情。陶行知先生曾说过:"真教育是心心相印的活动,唯独从心里发出来,才能打动心灵的深处。"因此,当节日真正来临时,孩子们便多了一份对民族文化的了解、对当下生活的品味、对未来美好生活的向往。所以,每一次节庆活动的来临,都引发出很多孩子们各种热情的话题。

1. 节日的物品

物品是文化传承的重要符号之一。不同的节日都有其独特意义的物品,物品承载的节日起源和故事,反映了人民的心理需求和期待。不同的节日,有其不同的物品符号;不同的物品符号,构成了完整的节日文化;不同的节日文化,都可以通过特定的物品符号去表现。

孩子们在走近节庆与风俗文化的过程中,不仅能够感受到过节的快乐、将蕴藏的情绪释放出来,还能够形成文化认同感与民族归属感,最终,在节日仪式往复体验的过程中,他们获得了积极向上的精神面貌。而各个节庆活动中那些特有的物品、传统的仪式,能让孩子以他们极大的热情去展开探究。

【案例3-9】 中秋团圆日

> "为什么中秋月亮这么圆?""为什么中秋要吃月饼?""为什么这个节叫中秋节?"……
>
> 围绕着孩子们的疑问,我们开展了不只是吃月饼的"团圆日"活动。这天,孩子们一起做圆圆的月饼,里面藏着自己喜欢的味道;这天,孩子们希望全园的老师和伙伴们都能大团圆,所以一起商量克服如何在团圆之日不请假,同不在幼儿园的小伙伴视频互动等等。这天,孩子们围坐在一起,共吃月饼、共赏明月、共同感受团圆的氛围。

月饼是中秋节必不可少的物品,吃月饼成为家家户户过中秋节的一项重要活动。孩子们在吃的文化中,体会到团结与凝聚的节日意义。

2. 节日的仪式

仪式也是文化传承的一个重要符号,是人们在节庆习俗中必不可少的环节。不同的节日都有特定的仪式,它能够带给人们不同于日常生活的丰富体验。每一种仪式都承载着人们对不同节日的美好期盼。

图3-4　团圆日

仪式不是物质化和个体化的,也不是简单玩乐。对于孩子而言,不仅仅享受仪式的结果,而应参与到举行仪式的过程中,所以孩子亲历节日与习俗活动的策划、筹备等环节是他们探究、感受节日价值的重要所在。

【案例3-10】　端午体验周

"端午是干吗的?""端午为什么要吃粽子?""为什么还要赛龙舟呢?"在初步探究后,端午节前,孩子们纷纷提议,想在幼儿园里吃粽子、备五黄、赛龙舟……

于是,他们一次次试验材料的防水性能,找到一只只大水桶,一遍遍探寻牢固组合它们的办法,亲自试验能在戏水池里载客的"龙舟",体会万众一心的团结精神。

节日的仪式感是需要孩子们在亲历中体验的,孩子们不是仪式结果的旁观者或享受者,而是仪式过程的设计、策划的执行者。基于此,孩子

图3-5　亲自试验载客龙舟

们对节日文化的学习和对事物的探究也就深含其中。

3. 节日的故事

如果说每一个节庆和风俗里都有值得体验的小物件、特定仪式的传承,那么也就蕴含了节日的前世与今生。每当我们看到飘扬的国旗、瞻仰革命烈士纪念碑,就会被革命先辈以及他们的英雄事迹感染;每当我们走上断桥、遥望雷峰塔,就会被白娘子的神话故事感动;每当我们探访良渚遗址、观赏京杭运河,就会对人类的起源和壮举产生浓厚的探究欲望。

【案例3-11】　国庆大收藏

我们的祖国不仅地大物博,而且在历史的长河中流传着无数的故事和神话传说。对于孩子来说,"中国到底有多大?""以前到底是什么样的?""解放军叔叔有哪些本领?"等问题成为他们迫切想要探究和了解的事。

一场收集行动就此开始。"这是我爷爷的爷爷的勋章，爸爸说这是爷爷保卫国家的奖励，我听说了太爷爷打仗的故事。""这是我妈妈小时候的童车，是木头做的，妈妈还和我说起她小时候玩的玩具。""这是粮票，粮票可以换大米，真神奇！"

图3-6　老物件

从孩子们带来的物品和所说的话语中，我们发现无论是勋章、小车还是粮票，每一件物品都被烙上了那个时代的印记，每件物品背后的故事，都成为孩子们访古探今的重要资源。

第二节　各种各样的探索

　　探索是儿童成长的方式,思考或迟疑、计划或行动、跟随或主动,都是孩子们在探索时的行为表现。探究现场中时常能够看到有些孩子像"无所事事"的围观群众,有些孩子全身心地沉浸在探究活动中。

 一、一个人的执着

　　德国的福禄贝尔把幼儿园教育定义为"发展本能和自我活动"。在儿童研究中心,老师也试图营造开放式的学习环境,让每个孩子都能够充分发挥自己本能的作用,让他们在自由、自主的环境中自我建构属于自己的探索样态。

　　(一)"发呆"可能是种思考

　　人在发呆的时候,大脑细胞更加活跃,因此,发呆能够增强人的创造力,会使人突发灵感。而教育是一种"慢"艺术,慢下来,或许会得到意想不到的惊喜。因此在混龄背景下的探究活动中,老师们不应急于干预"发呆"的孩子,而是放慢脚步、蹲下身子,跟随孩子的节奏。

【案例3-12】　藕的汁渣分离

　　　在"盛夏荷香"研究中心里,孩子们在各自的"岗位"上开启了探索之旅。小班的依依一直在场地上走来走去,看了一圈后,没有找到自己喜欢的游戏,便坐在一旁的椅子上。她观察阿果利用榨汁机榨汁,看得很出神。几分钟后,阿果榨完汁,找来了罐子,想要分离藕纤维和汁水。此时，依依站起来，从材料筐旁边拿起了一块纱布，走到阿果面前问："这个可以吗?"阿果点点头，于是依依将纱布套在罐子上，两人一起合作将藕的渣与水进行分离。

图3-7　依依在帮助哥哥一起进行藕的汁渣分离

或许在常人的眼中，看见发呆的孩子会觉得他是一个有"问题"的孩子，其实不然。对孩子而言，他们完全有发呆的权利。正是在"发呆"的时间里，他们才真正拥有了独立思考的机会，思想才会自由地游走。

(二)"拒绝"可能是种坚持

研究中心里的探究是全开放、全自主的，孩子们可以各抒己见、畅所欲言。想要继续探究的孩子，就继续；想要换种方式探究的孩子，就尝试；想要创造新点子的孩子，大胆去创造。没有了成人世界的条条框框，孩子们可以各显神通。研究中心追求的是每个孩子都能找到自己喜欢的事情，并相互支持、共同满足。在研究中心，孩子拒绝了老师的提议或同伴的邀请，那可能是他有自己的想法、有自己的规划，用自己的方式来坚持探究。

【案例3-13】　你要不要去玩一下别的游戏？

研究中心里，汐汐正在对着iPad看关于"荷花"的视频，她被视频中的西湖荷花色彩及荷花种植、"荷"的故事等所吸引。大约15分钟后，当老师发现汐汐仍旧关注着视频上的画面时说道："汐汐，你要不要去玩一玩别的游戏？"汐汐马上拒绝道："不要，我就喜欢看这个。"大约5分钟后，汐汐对老师说："老师，我在iPad上画了荷花，我看视频发现这里可以画，你看，我的荷花漂亮吗？"

图3-8　汐汐向同伴介绍如何在iPad上画画

【案例3-14】　你剥的莲子可以给我们榨汁吗？

　　果果正在探寻干莲蓬里的莲子。此时，甘甘走过来对果果说："你剥的莲子可以给我们榨汁吗？"果果马上回答说："不行，我还要的。"说罢，果果便一直专注于剥莲子，剥了三个莲蓬后，果果对老师说："老师，这个莲子为什么是黑色的？跟其他人剥的不一样，是因为这是古代的莲子吗？"

图3-9　陌陌专注于剥手里的莲子

从孩子的角度来看是拒绝，背后的原因其实就是"我还想继续自己的探究"。所以"拒绝"并不是一件可怕的事，孩子只是想要独立面对、独立思考、独立解决问题。

（三）"游走"可能只是种现象

有的孩子在选择探究什么时会游走，去观察别人在做什么，其实他是在学习；有的孩子还没决定好自己做什么时，他会在游走，其实他在放松自己；还有孩子游走，是因为他想满足自己交往的需求。

是啊，孩子的思维带有直觉性，尤其是在自主性的探索学习活动中，孩子们的个性会淋漓尽致地表现出来。在研究中心，学习内容、学习方式、学习同伴全凭孩子自己选择，哪怕是"游走"，在研究中心也是被允许的，因为这是孩子在学习中的一种状态。他在用自己的学习速度来开展自己的探究学习，尤其在混龄生活中，当不同年龄、个性、能力的孩子在一起，自由游走可能成为他们共同学习、互相影响的重要方式。

【案例3-15】 扭扭棒的故事

活动一开始，孩子们都各自开始了自己想要玩的游戏。此时，只见球球游走在各个区域，时而拿起毛笔看看，时而看看小朋友做的莲蓬和藕泥。突然，球球直接离开了活动场地……大约5分钟后，球球回来了，只见他手里拿着扭扭棒。老师询问道："球球，你去哪了呀？"球球说："我去找扭扭棒了，昨天我用它来扎榨汁袋，特别好用。我觉得他们也需要。"

【案例3-16】 被等候的胶枪

建模馆里，浩浩站在小凯身边看他用胶枪，不动手也不说话。一会儿，他走到陈列模型的地方，看了看模型后又回到小凯身边。来来回回好几次，当小凯放下胶枪后，浩浩立马拿来胶枪，径直走到自己的模型旁，用胶枪来黏合作品开口的地方。原来，游走是一种等待和坚持。

成人眼中的漫无目的，其实是孩子"若有所思"。人的成长与改变，与时间没有必然联系。孩子们需要通过自我的逻辑去探索事物，进而达到自己想要的学习结果。真正让人成长与改变的，是在一定的时间内通过丰富个人的经历而实现的。

（四）"充耳不闻"，可能是种专注

"充耳不闻"，顾名思义，是一种有意听不见别人声音的状态。实际生活中，"充耳不闻"可能是个贬义词。但是，当"充耳不闻"被带入情境后，我们却能发现这是一种学习状态。当个体的探究进入高潮时，孩子可能会自觉屏蔽了一切外界干扰，专注于自己的探究。

【案例3-17】 毛线网

在"夏日网吧"研究中心里，花花用扭扭棒固定了两根筷子，然后

开始用毛线做蜘蛛网。而另一边,老师正忙着和孩子讨论织网的秘诀。"要编得宽一点""可以剪掉几根""要多绕两圈绳子固定"……面对伙伴们热烈的讨论,花花依然专注于自己手里的网,并用自己的方式来回调整,最终摸索出了织网的小技巧。

当孩子沉浸于一项"工作"时,自我成长的时机便到来了。只有在孩子行动不受干扰的前提下,专注力的种子才能自然萌芽生根,孩子才能在自己的"岗位"上创造成果。所以,我们要给孩子一个自主探究的空间,对孩子多一些耐心和宽容,要相信"充耳不闻"其实也是一种专注。

二、三五成群的行动

"众人拾柴火焰高",无论一个人的能力有多大,都比不上合作的力量。研究中心非常关注孩子的社会性学习。对于孩子而言,研究中心就是一个小社会,当每一个人都从周围生活和环境中主动地观察和尝试探索、发现和解决问题时,同伴之间的相互学习也就在倾听、比较、共享中开始了。

(一)竞争与定位

孩子间的"竞争"则是一种"同向为竞"的增量思维。在混龄背景下,孩子们都在为各自的目标而努力,畏难情绪或许会在孩子们中间出现,但从未阻碍他们前进的脚步。即使是"脱轨",可能也是孩子们在相互的比较和评价中逐渐获得了对自己目前能力的客观定位。

【案例3-18】 制作花草纸

在欣赏了好看的花草纸后,孩子们跃跃欲试,想要制作出好看的花草纸,中班的乐乐哥哥也不例外。当他在沥干纸浆的时候,发现纱网上的纸浆怎么都铺不均匀? 这时,他停了下来,看到一旁的妹妹一边做着,嘴里一边嘀咕着:"我有首小儿歌能帮助你,坐个滑

梯滑下去,晃一晃、抖一抖、等一等、看一看,最后轻轻抬起来。"乐乐看到妹妹乐在其中的样子,也跟着她一步步做了起来,没想到竟然成功了。

在制作花草纸的过程中,乐乐在不断地经历着失败与成功,内心计划着是否能独立完成。一开始的自主尝试、中途的驻足停留、最后的学习模仿,我们能够看到乐乐自信坚持的同时,也善于向年龄比他小的伙伴学习。

在相互的学习中,孩子们也会"暗自较劲",竞争的力量会让孩子激发出自己的潜能,同时也看到自己的短处。两两合作、三五成群的协同合作,让孩子们在相互学习的过程中,找到更真实的自己。

（二）争论与筛选

孩子之间的"争论"不只是为了证明自己多能干,而是为了表达对自己、对世界的认知。他们各自寻找支撑的理由,相互表达与倾听,接纳并修正自己的认知,把自己的认知变得更全面、更清晰。选择"不妥协"的方式继续前行,选择通过"筛选"得出的结论共同努力。

【案例3-19】　管道游戏

"水世界"研究中心的自制管道游戏开始了。甜甜这一组需要挑选合适的接口连接管道,才能顺利通水,从而开始游戏。在寻找中,甜甜说:"我觉得软管可以。"但可可却说:"我觉得透明管可以。"不同的意见暂时让大家陷入思考。过了一会儿,大班的多多说:"我们分两组,你们去尝试这个（软管）,我们去尝试那个（透明管）。"于是大家又重新组队,开始了各自的探究。

很多时候,只要有交流就会有碰撞。当孩子们面对不同意见时,学习便在争论中开始了。争论与筛选的过程,是孩子们体验尊重、接纳他人的过程,也是坚持自己、适当妥协、学习取舍的过程,在这个过程中,孩子们最终找到当下最合适的探究思路。

(三)独立与互学

独立,就是不一味寻求他人的认可;独立,就是自己决定;独立,就是敢于主动承担责任;独立,就是适应新的环境;独立,就是在人云亦云时依然坚持自己的见解。独立能让孩子做自己,而互学就是共同成长的喜悦。

【案例3-20】 "保护地球"招牌

"纸爱地球"研究中心里的孩子们一拍即合,打算做一个关于保护地球的招牌。孩子们观看了地球被污染的视频后大为震惊,都想要制作一个心目中"健康"的地球模型。文文首先呼吁大家:"我们一起先做大海吧!"弟弟妹妹听后马上找来蓝色的纸撕贴,茉莉却坚持自己的想法,想用泡沫做北极,其他孩子也陆续行动了起来。但在制作时,问题出现了,文文说:"我们这样有点慢。"他看到茉莉用大块的泡沫铺贴,便转头对弟弟妹妹说:"别撕了,喏,我们用他们的方法!"

图3-10　共同制作"保护地球"工作牌

【案例3-21】　制作"足球场"

可乐哥哥在制作足球场时,吸引了一旁的元宝。于是元宝对可乐说:"我想做足球场,我们可不可以一起做?"但是一旁的可乐哥哥却没有任何的回应,依然认真地在制作足球场。元宝又询问了一次:"我能跟你一起做吗?"这时可乐有些不耐烦地回应道:"不行,这是我

在做的。"元宝并没有放弃，继续说道："我知道球门怎么做，我们可以用网兜。"于是元宝自顾自地边说边去找材料，元宝找到材料、自己先尝试着制作了一遍后，马上跑到可乐哥哥跟前演示。可乐看了说："你这样做的话是站不住的，我们还需要一根木棍。"元宝立马接话说："我知道哪里有木棍，我带你去找吧！"两人便出发一起去找木棍……

　　由以上两个案例可见，独立坚持与互相学习，自然地形成了孩子们之间和谐探究的氛围。所以，独立与互学并不是非此即彼的关系，因为孩子们对于同伴的信任、接纳、欣赏与肯定，使它们能够相互融合、彼此转换角色。所以，探究的过程就是建立和谐的交往圈的过程。

第三节　锦囊　探究的工具

各种工具一应俱全,孩子们的学习便事半功倍。在孩子踏上学习之旅的过程中,每个人都需要经历长途跋涉。他们或许会因为迷失方向而感到恐慌,或许会因为面前出现多条路线踟蹰不前,此时,他们就需要打开锦囊:每一次活动时候的小锦囊;每一个阶段活动时的大锦囊,又或许同时需要用很多锦囊帮助自己解决困难。这些锦囊的妙用会让孩子们的学习生活变得更加快乐。

 一、发现,工具箱里有百宝

"工欲善其事,必先利其器",孩子的学习也是一样的,好的工具对孩子的学习有着很大的帮助。我们建起了随时取用的"万能工具箱",在孩子不同的学习、探究阶段,让孩子们使用工具成为一种习惯。

(一)自主使用工具,开启学习之门

计划书与旅行地图是两种支持幼儿在内容综合、探究形式多元的环境中自主有序开启学习之门的工具。

1. 形成探究节奏的计划小书

一周一计划、每日一计划,步骤式、结构化、想象式……不同周期、形式的探究计划面向孩子开放选择。每个孩子依据探究计划自主选择,并在调整计划的过程中,评价自己调整计划的能力、完成计划所需的资源、完成计划可能遇到的困难……通过计划小书,孩子能够立体地对待自己所要开展的探究。

2. 规划探究历程的旅行地图

旅行地图是孩子们在每一次探究主题结束时的一种游玩"地图",是由每一个研究中心的孩子参与设计的。"地图"上罗列了这个阶段孩子们在各自的儿童研究中心的探究主题与体验项目,"地图"的路线、方位也是由孩子们自主规划形成的。因此,"地图"既是一份研究成果的索引图,也是蕴含着空间方位奥秘的游戏图。

表3-3 "生如夏花"履行周活动规划

活动内容	"生如夏花"游园会	
夏虫馆: 虫虫总动员	捕虫达人	昆虫展
夏生馆: 夏夜花草集	泡脚	拓印
夏食馆: 食物补给站	花茶	芒果西米露
夏意馆: 夏夜奇妙舞	花环	异域风情舞

活动内容	"生如夏花"游园会	
夏映馆： 夏日放映会	皮影戏	动画小书
夏诗馆： 夏日儿童诗	写诗	诗集

图3-11 "生如夏花"履行周位置图

(二)资源汇集过程,开发学习之花

当老师和孩子参与到资源收集中,他们本身就成了学习与生活环境中新的资源,而来自不同渠道、不同形式的资源都需要被研究中心所包容,并服务于孩子的探究与生活。

1. 调动同伴资源的"地毯时间"

来自同伴的信息、问题都能成为孩子们的学习资源。每个人带来的信息引发同伴之间的思维碰撞,这些信息通过"地毯时间"充分呈现出来。长则二十分钟,短则三五分钟,老师与孩子围坐在一起,倾听每一个人的声音,回应每一个人的需求,孩子们在彼此倾听与回应中学习尊重或接纳不同的"声音",而学习也能从广泛了解、焦点碰撞中展开。师幼之间、同伴之间缩短了彼此的距离,享受每天独此一份的"地毯时间"。

【案例3-22】 小话题时光:"班级生活圈"

话题辩论:和好朋友一起午睡好吗?

正方	反方
图3-12 正方陈述自己的观点	图3-13 反方表示有不同意见
和好朋友一起午睡会感到很温暖。	这样会吵到我睡觉。
和好朋友一起午睡,我们可以一起听喜欢的睡前故事。	好朋友睡在一起就会聊天。
这样我和好朋友的关系会越来越亲近。	大家的好朋友不一样多呀,朋友少的会孤单。
中午和好朋友睡在一起,我会很开心!	如果大家有同一个朋友怎么办?

综合正、反方意见后的约定

1.可以试试看和好朋友睡,但是要有午睡约定;
2.有共同朋友的,那我们就轮流和好朋友睡觉;
3.可以和好朋友体验一天共同睡觉,再决定要不要一起睡觉。

在"地毯时间"中,老师与孩子都是"学习者"。孩子是一个"有能力、有自信的学习者",老师回归"学习者"的身份,体验学习者的状态,建立和学习者的联接,从而找到"儿童视角"。彼此的智慧便在这段时光里被"发现"与"运用"。

2. 汇聚多媒体资源的移动设备

现在,常见的移动设备已广泛运用于幼儿园,也为孩子们所用,儿童相机、录音笔、平板电脑、移动投影设备等便捷、实用性强的电子产品成为教学的常备物品。

孩子们会使用工具获得"墙门"以外的信息,比如,他们使用具有移动、存储功能的电子产品,把来自社会各领域的信息与资源带入"墙内",而他们的学习就借助了这些设备,实现了跨界连通。

【案例3-23】 我会炒茶了

杭州馆里,孩子们正在学习"西湖龙井"的炒茶游戏,可是怎么炒呢? 我们都不会呀。包子马上说道:"我们可以用iPad啊,搜索一下就知道怎么炒了。"朵朵说:"这里面有抖音吗? 抖音里面一定有很多炒茶的视频。"于是,他们开始在抖音中寻找"炒茶教程"。他们找到合适的视频后,就播放一段,琢磨一段,暂停一段,自己模仿一段。就这样,这群孩子慢慢成了"炒茶小专家"。

电子产品已成为我们生活、工作必不可少的一部分,在科技迅速发展的今天,无论是成人还是孩子,都会接触和使用不同的工具,帮助自己解决生活、学习或工作中的难题。因此,如何借助信息化产品筛选有用的信息、满足学习的需求,成为如今的孩子们的一项重要的学习能力。

3. 探究素材的收集活动

收集活动主要有主题收集节、常态收集任务两种形式。通过收集,孩子打开了对身边常见物品不常规使用、废旧物品能加工再利用的知识之窗。

主题收集节,就是让全园幼儿、家庭成员共同参与同一主题的材料收集工作。所有收集的材料经过分类整理,成为辅助探究、操作的材料,并提供给所有人共同使用。比如,在收集节开始前,师幼列出想要收集的材料清单。收集节活动中,全园的孩子们都会"淘空"家里的瓶瓶罐罐、纸箱纸板、长绳短绳、大纸小纸、颜色丰富的布块……形成了一个个"资源库"。

常态收集任务,就是让研究中心的孩子能够根据自己或同伴探究的需求,收集不同形式的"资料"——图书、照片等实物及各种故事……在收集中,孩子将自己的兴趣与实际的物品联系起来,将探究与实际生活环境联系起来。同时,通过浏览、欣赏、操作、陈列材料,他们自然地将个体化的经历与见解表达出来,将自己的理解和认识分享给同伴。

收集的过程和成果的运用,让孩子们就地取材,以最快的"速度"来满足自己的学习需求。它不仅让孩子们学会寻找工具,还学会了如何正确地使用工具,让学习变得更加得心应手。

4. 分解探究难度的工具材料

工具材料是老师促使幼儿围绕问题展开具体探究的各种工具,诸如放大镜、测量工具、器皿等,这类材料满足不同探究指向、不同兴趣的孩子共同参与对特定主题的探究。

【案例3-24】 当蜗牛遇见螺蛳

在"春之生"研究中心,孩子们正在户外寻找春天。一位孩子手拿着一个"小东西"朝老师走来,并激动地说道:"你看,这是蜗牛还是螺蛳呢?"这句话引来了一些同伴的注意。大家都在犯难时,琪琪拿来了放大镜,对伙伴手里的"小东西"仔细观察着。没过多久,她对大家说:"它有黏液,还有触角,我看到它的壳是螺旋形的。"大家听后就有了答案。而另外一群孩子在找到了好多只蜗牛后,则围在一起讨论,该用什么工具把它们带回去。"研究中心有昆虫收集器皿。"一个孩子大声嚷嚷着,便跑回研究中心去找器皿了。

探究是需要借助专业的工具的,就像科学家做实验需要用到各种试管、显微镜一样,只有接触使用了专业的工具,才能慢慢地形成正确的探究手法、找到探究的正确方向、提高探究的效率。因此,在孩子们自由探究的过程中,会有老师们预先推荐使用的"专业"的探究工具,当孩子们有了进一步探究的需要时,工具就能发挥它的应有价值。

(三)探索复盘过程,让学习深入进行

支持孩子了解、分析自己探究的过程是支持孩子深度学习的重要途径之一。除了计划、行动,孩子是否对探究过程进行有效复盘,直接决定下一次、下阶段探究的深度与效果。

1. 实时记录各种困难的问题卡片

问题卡片主要用于孩子记录自己探究过程中遇到的各种问题。每当活动结束后,他们可以带着问题卡片找到老师、同伴寻求答案。每一个孩子的问题就有机会被"看见",每一个问题就能更及时地得到解决。

【案例3-25】 记录困难的问题卡

> 当孩子们参观了"水井"之后,对能够取上水的圆柱形空心"辘轳头"产生了兴趣,纷纷提议要自己做一个模型。
>
> 大家在制作"辘轳头"把手的过程中,都遇到了困难:
>
> "应该用什么东西来黏合我的辘轳头和把手呢?"(小凯问题卡)
>
> "什么材料可以让辘轳头和把手连接在一起?"(欣欣问题卡)
>
> "有什么材料是可以直接成为辘轳头和把手的?"(小满问题卡)

活动中,老师们似乎看到孩子们遇到的问题都是一样的。但从每个孩子的问题卡片中,可以看到,对待同样的困难,他们落脚点是截然不同的。有的关注于黏合,有的着重于连接,有的关注于寻找更为合适的整体性替代材料。正是问题卡的提供,让孩子们有了充分表达自己困难的机会,也让老师采用不同方式帮助孩子完成探究项目。

2. 善于表现过程的项目小书

孩子的探究与学习是经验与能力积累的过程。项目小书是将孩子的动态经验外化于具体表征的一种载体。它包含了孩子在围绕特定主题探究中有价值的思考、实践,它可以由老师或由孩子个人发起使用,一般包含了疑问与想法、探究与实践、感受与表达三个方面的内容。

拍照、绘画、书写，推介、统计、定义……孩子们在探究活动中能够自主选择不同表现形式记录、表达自己疑惑、自主探究的问题、自己梳理的经验、自己发现的结果等内容。老师们也能够在孩子选择、使用工具中，发现他们自我复盘能力。

不同的项目小书因探究内容、梳理角度的不同，结构上会有所差异。比如，三折页往往用于记录孩子聚焦某个小问题时的探究复盘，九宫格的项目小书往往用于收集、记录、梳理不同个体幼儿围绕某一探究话题的个性化思考与发现。

图3-14　三折页式小书、九宫格式项目小书

3. "旅行护照"

孩子在园三年，能够参与多个不同研究中心的各种活动，不同的内容、丰富的活动形式都能给孩子们留下深深地印象。孩子与老师共同制作"旅行护照"，不仅能够见证孩子三年里的学习轨迹，也能够更好地帮助孩子总结自己每一次在研究中心活动获得的经验。

图3-15　幼儿自制"旅行护照"

童年就像一场旅行，与旅伴一起走在成长的路上。一本小小的"护照"，承载了太多故事与成长的足迹。第一次与夏虫的邂逅，徜徉于夏意的多元文化，发现"生长"的秘密，感受舌尖上的夏天，以"诗"吟咏生活，发现光与影的秘密……每个孩子的"护照"，都会在研究中心的一次次探究中不断丰富。而每一次对研究中心经历的记载与回顾，都为孩子们下一场旅行奠定基础。

孩子在生活和学习的旅途中都会有困难，甚至迷失方向。在关键时刻，让孩子自己选择适合的工具去解决遇到的问题，那么每个孩子就会拥有越来越多的经验探究，这些经验就像"指南针"一样，指引着孩子们一步步走向成功。

 二、工具使用有妙招

不同阶段探究的各类工具让孩子在探究活动开展的时候可以随时使用。

（一）随取随用

材料从收集到使用，要打破班级、楼层、园内外等空间界限，打破同龄、同班的人群界限。

1. 自由取用，随时归还

谁是材料的使用者？毋庸置疑，那一定是孩子。在学习探究过程中，孩子们各种奇异的想法总会促使他们去寻找更多的材料来支持自己的探究，材料的选择权交由孩子后，他们的学习会更具主观能动性。

【案例3-26】 借一块西餐布

> 在一次"集体西餐"筹备活动中，孩子们想要营造一个西餐厅的氛围，但他们发现唯独少了一块方方正正、干干净净的大桌布。于是，悠悠提议道："大一班有呀，我们一起去借，他们还有专门量布的尺。"于是，孩子们一起来到了大一班，询问哥哥姐姐："我们需要一块很大的布，你们有吗？"在一番交涉下，孩子们挑选了一块能够铺满四

张桌子的长桌布,孩子们同时借来了皮尺——因为他们好奇这块布到底有多大,想要量一量。这场西餐行动在邻班的支援下完美落幕,孩子们既感受了西餐的仪式感,也学会了如何测量桌布的大小。

【案例3-27】 小动物盖被子

在"呼噜"研究中心里,孩子们正在创作"动物旅馆"。果果说:"老师,小动物冬眠是要盖被子的,我可以用稻草给小松鼠做被子吗?"老师说:"当然可以,但是我们这里没有被子呀。""我知道的,童三班里有,我去借一点好了。"于是,果果便跑到童三班的教室里取来一些稻草来当作小松鼠的被子。

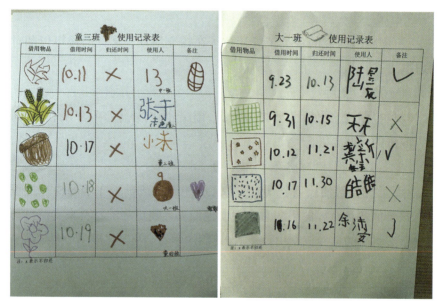

图3-16 孩子们的使用记录与留言

常规通用工具、操作材料分布在幼儿园不同的学习与生活场域,孩子们想要使用时,必须经过"负责人"的同意,才能使用。

2. 自主选择，个性使用

无论是问题卡片、旅行地图，还是项目小书、"旅行护照"等，它们各有用途、不分好坏，也没有统一的使用规则。当孩子们在研究中心遇到不同的问题时，他们可以灵活地选择工具，甚至可以创造出新工具。

【案例3-28】 陌陌的莲心探秘

时间	表现
9:44—9:54	用手剥莲子失败，拿剪刀戳破莲子外皮，再用手剥，最终成功。
9:54—10:13	使用同样方法反复剥莲子。
10:13—10:32	掰开莲子中间的缝，发现莲心，开始收集莲心，但都散落在桌面。不断叫其他小朋友用放大镜观看莲心。
10:32—10:35	去就近教室的娃娃家找来碗碟，回到研究中心，将剥好的莲子莲心分开摆放，并向老师提出使用盘子盛莲子莲心的请求。

从案例中发现，陌陌对于莲子的观察是一个由表及里、多感官参与并逐渐深入的过程。在这个过程中，他不断寻找适合的工具，帮助自己剥出莲子、莲心，并深入观察莲心的结构，通过归类来展现自己的劳动成果。整个探究过程独立、完整且不断深入。

(二)共享使用

共享使用是让大部分用于操作、探究的材料以及可用于复盘的工具，在使用中通过彼此展示、交流，实现经验共享。

1. 一方提供与他方使用结合

孩子收集、调查而来的事物或信息，可以通过适合的工具呈现出来，供同伴使用。比如老师将孩子带来的有关龙与乐器、龙与建筑的照片放大打印后悬挂在显眼处；将孩子探究的过程拍摄下来后存放在平板电脑中，供其他孩子参照模仿；将孩子携带自己擅长的特定领域的材料，供其他孩子了解、观看、体验，并通过展示与交流，突破同伴的认知盲区。

图3-17　孩子们的制网成品

2. 个人复盘与集体呈现结合

孩子们自主使用计划小书、项目小书时,针对遇到的不同问题会采用不同方法,同时他们也会以不同的记录方式梳理和复盘,这些都能成为集体学习的丰厚资源。所以,将每一位孩子的探究过程汇聚在一起后,便形成了一面同伴之间相互了解和学习的"资源墙"。

【案例3-29】　影子墙

夏天想要在影子墙上照出一个顶天立地的巨人影子,但始终没有成功。经过三次尝试之后,她走到影子墙前,在这面墙上仔细观察前面伙伴探究后留下来的不同大小的影子轮廓及当时这位孩子记录的"小窍门"。又一天,成功投出"小矮人"影子的天天在他的影子旁画下自己的发现:电筒和实物远一点,电筒举高。还有一次,成功投出"面条人"影子的香香,她在一旁留下的秘诀是:电筒拿到旁边。看懂了同伴留下的探究奥秘后,夏天拿着手电筒也试着变换位置,观察影子的变化。

三、在迭代升级、创新中见新景象

孩子一个最重要的能力就是善于更换自己学习、生活的工具,并形成利用工具来解决问题的能力。在这里,孩子们对于工具的选用也会"与时俱进":他们从使用老师提供的工具到创造性使用已有的工具,在使用中不断创造自己需要的工具。在使用工具的过程中开启探究历程,调换新工具去持续探究,让自己的学习与生活能够在不断使用新工具中推陈出新。

(一)从投放到搜集,提升探究材料的工具价值

真实社会生活中的工具已经被纳入儿童探究中,并被孩子发现、了解、使用、研究,老师则借用这些真实的工具或材料推动孩子的探究,探究也因此与生活中的问题产生了更紧密的联接,从而挖掘出工具本身的探究价值。

1. 围绕"是什么"

工具是人们生产生活必不可少的物品,也是孩子学习生活必不可少的物品。对真实社会中部分工具进行探索成为孩子走入生活的重要途径。因此,从老师投放工具材料开始,孩子就产生了"它们是什么"的兴趣与思考,并在探索中形成对工具本身是什么的认识。例如,在"搭土灶台"与"建体育馆"两项建构活动中,孩子们从搭建模型到利用真实材料复原"设计",前后分别使用了两类材料:一类是木条、面粉砂浆、迷你砖、胶棒等替代性材料,另一类是水泥、黄沙、铲子等真实材料。在使用第一类材料的过程中,孩子们将更多的关注点放在模型作品的美观程度上,但调整了材料之后,他们对这些真实而又陌生的材料产生了极大的好奇,如调试水泥的比例、用铲子砌砖块、观察黏合牢固度的变化等。探究材料本身的过程,就成了孩子丰富生活经验、拓展领域知识、享受自给自足的快乐的源泉。

图3-18　孩子们调试灶台牢固度

2. 围绕"有什么"再搜集

每一类工具有各自的独特属性,所以孩子不仅仅会直接使用老师投放的工具,而且能够通过收集,以点带面地从一件工具扩展到对一类工具的探究。例如,在制作动物"冬眠旅馆"时,孩子们寻找箱类、瓶类、盒类等容器作为固定居所。在这个过程中,他们通过对动物生活特性的了解,寻找了一些透光或不透光、留孔或留门、宽敞或隐蔽等材料,在加工中使用了常规剪刀、胶水、尺子等工具。

同时,孩子也能够在有目的地收集替代性工具的过程中,增长对工具本身功能与价值的判断和理解。例如,在挖笋前期准备中,孩子们认为要从泥土里挖出东西的挖掘工具是"玩沙"工具,因为它或许能挖沙、取沙,也有孩子认为是小型种植工具,如铲、耙,因为这类工具能够松土、运土。伴随着搜集与使用,他们总结出挖笋工具的特点,比如需要有尖头来松土,觉得使用锄头更合适等。所以,从以往沙池游戏到现在的松土挖笋的过程,他们不仅迁移了对原有工具的认识和经验,同时也在尝试各种使用方式拓展自己的认知。孩子在广泛收集、探究中积累了选择、使用工具的经验与方法。

(二)从学用到创造,点燃自主探究的思维火花

孩子对工具的使用经历了从有限范围内的选择,到根据需要创新使用,最后创造了自己想用的工具的过程。这也是一个孩子对话自己的内在需求,利用工具帮助自己探究,不被工具束缚的过程。在对自己学习与生活持续反思与实践的过程中,对于老师提供的工具,他们除了学着用,也能变换着方式使用;对于同伴使用的方法,他们能模仿着用,也能探索着用;对于自己真正需要的"新工具",他们愿意投入其中、尝试使用,最终创造出一类新工具。

1. 老师"给"的,也能变着法儿用

有孩子参与的学习工具往往融入了他们的学习"故事",这类工具在被使用时融入了孩子的思考、感受和发现等。而原本由老师创作、展示的环境也转变为孩子创作与记录的学习资源。当老师能够看见并允许孩子通过收集、调查、计划、复盘、探究等表达自己时,孩子的心声就会越来越明显地展露出来。例如,项目小书可以成为孩子的记事本,也可以成为规划的手册,"旅行护照"可以成为孩子打卡学习的凭证,也可以变换一种形式,成为认定、评价孩子过往学习经验的"勋章"。也许回家路上我看到了小青蛙不止生活在水里,还生活在陆地上,于是,我的思维导图就多了一个"小泡泡";也许我发现了和蜗牛很相似的螺蛳,所以我的气泡图上又加了一种对比图……于是,当"使用规则"变成"使用规律",孩子就挣脱了老师的束缚,找到工具使用更自由的空间。

2. 同伴"玩"的,也能照着样儿用

孩子是敏锐的观察者与模仿者,他们善于探究、分享自己的探究方法,也乐于观察同伴使用工具的方法。例如,当同伴使用尺子、毛线测量身体,当同伴使用拍照、图画来记录探究过程,孩子们也会尝试拿来尺子、毛线,伸出手指、胳膊,找来儿童相机、平板电脑或画笔,轮番使用一遍。在记录时,他们会选择描绘场景时也会用排列、布局的方式,或者在

记录时组合使用多种工具,比如:用放大镜观察、拍照等方式留下探究情景等。

3. 自己"想"的,也能大着胆儿用

孩子的思维总是在不断变化的,今天的突发奇想可能会推翻昨天的学习成果。例如,塑料桶只能用来装东西吗? 如果需要运水,是不是可以剪成漏斗、倒转过来"运"东西呢?

孩子们对于自己学习工具的改革创新,是他们成长之路上不可避免的。就这样,孩子们总是在不断学习与探索的过程中逐渐让自己变得更强大,让自己的学习工具随着知识面越来越丰富,思维也就越来越缜密。

在被支持的环境中,孩子们渐渐是有了选择工具的能力,并且慢慢地从选择工具向创造工具转变。每一次亲自动手、每一次亲身体验、每一次使用工具,对孩子来说,就是一种学习与进步的过程。从使用工具到选择工具再到创造工具,是孩子们的内驱力催生他们变成了一个个会学习、会生活的探究者,让自己成了"管理"自己的小主人。

工具,为孩子们提供了在学习与生活中规划与思考、行动与实践的支撑。孩子们能够自主寻找、创造使用各种工具,并从中得益,在工具使用中形成方法思维,最终,他们就能根据自己学习、探索的需要,寻找更好的办法,来支持自己的学习、解决自己的问题。

第四章
故事　儿童探究中的憨态

　　如果用一把钥匙去开启孩子的世界，你会惊喜地发现这个世界是五彩斑斓、纯真且异想天开的……一切都是孩子们的自然流露。他们对于这个世界是充满好奇的，并用他们独特的方式去打开探索之门，还用他们天真可爱的模样，一次次地带给我们无限的惊喜。

第一节　充满热爱的乐孩子

爱玩，就是孩子的天性。当他们在玩耍的时候，或许会弄的满身是泥……而萦绕在耳边的永远是他们的欢声笑语。让孩子们尽情地沉浸在自己热爱的世界吧！

你好，乐孩子！

一、惊喜

孩子在探究过程中会呈现出千姿百态的模样，他们时而热情地去追逐；时而发出大大的惊叹；时而又暗自窃喜……在他们清澈的眼眸中，永远闪烁着快乐的光芒，脸上永远绽放着幸福的笑容。

此刻，大家看到了一个个充满"热爱"和"惊喜"的孩子。

蚂蚁喜欢吃……

最近一段时间经常看到孩子们蹲在大草坪上寻找着什么……走近一看，原来是一群可爱的小蚂蚁吸引住了孩子们的视线。只见丹丹(5岁)拿起放大镜，为了更清楚地看到小蚂蚁，她的身体像雕塑一样，一动不动地蹲伏在那里。旁边的糕糕(4岁)看见后也迫不及待地凑近说："快给我看看，小蚂蚁正在干什么呢?"还没等糕糕说完，甘甘(5岁)立马说道："小蚂蚁有妈妈吗?""小蚂蚁当然有自己的妈妈了!"丹丹激动地回答道。

那小蚂蚁喜欢吃什么呢? 孩子们展开了激烈的讨论……

佳佳(5岁)说:"小蚂蚁和我们一样都要吃白米饭!"

糕糕(4岁)说:"小蚂蚁喜欢吃甜甜的东西!"

小远(6岁)说:"我猜小蚂蚁喜欢吃香香的食物,比如面包、牛肉。"

……

孩子们把自己想到的食物都说了一遍,还意犹未尽地继续讨论着。最后大家一拍即合,打算明天带着这些食物,一起去幼儿园的大草坪"投喂"它们。

终于盼到了第二天,孩子们各自从家里带来了"丰富"的食物,满怀期待地来到了大草坪上。只见丹丹还没踏入大草坪就高高地举起手里的碎面包,大声地喊着:"快看,我从家里带来了什么好宝贝!"这一声呐喊,吸引了旁边乐乐的注意,乐乐(4岁)说道:"我还准备了米饭,看看蚂蚁会不会和我们吃一样的食物!"随后,大家互相分享了自己带来的食物。但是问题随之而来,这些食物要放在哪里才会被蚂蚁们发现呢?

于是大草坪上响起了大家激烈的讨论声……糕糕说:"我想把它放在大树下,那里不会淋雨(当时天上开始飘起毛毛雨)。"甘甘听完后思考

图4-1　原来蚂蚁喜欢吃……

了一会儿说道："快放到童二班种青菜的菜地旁边吧，上次拔草的时候我还在那里看到过蚂蚁呢！"佳佳听了急得跳了起来，挥着手说："不是这样的，不是这样的！放在那里就会被挡住的，小蚂蚁就看不见了！"这时，小远想到了一个好办法："那要不就放在我们前两天挖洞的地方吧，上次我就是在那个洞洞里看到了几只蚂蚁呢。"

他的提议一下子得到了大家的赞同，大家便纷纷把自己准备的食物放在瓶盖上，然后把一个个小瓶盖放在挖好的洞里，一起期待明天！

童年，就要释放天性。每个孩子都有一颗亲近大自然的心。让孩子们在大自然里尽情地探索、追逐、发现，感受自然生命带来的惊喜吧！

我要把恐龙蛋带回家

今天大家一起开心地去"邻居家"做客，孩子们第一次来到西岸园，一会儿这里看看，一会儿那里瞧瞧，处处都充满着好奇。这一次，他们第一个光顾的游戏场地是好玩的沙池。

在沙池寻宝时，文文（6岁）看到了一块长得很特别的石头，瞬间眼睛都亮了！他觉得这一定是个恐龙蛋。当然，他心里也充满着疑惑："为什么恐龙蛋会出现在沙池里？"

他很想把这个"恐龙蛋"带回去一探究竟，于是他鼓足勇气，向园长妈妈询问："园长妈妈，我能把这个恐龙蛋带回去吗？"当文文得到了园长妈妈的同意后，眼里瞬间充满了光芒，立马把"恐龙蛋"捧在手里，不停地点着头回答道："太好啦，太好啦！"他转身一蹦一跳地回到沙池里，挥着手对小伙伴们说："我们可以把恐龙蛋带回去啦！"随后，他小心翼翼地把它放进一个大袋子里。在回去的路上，他"执意"要自己一个人背着重重的石头。途中老师问他："文文你一个人拿着累不累呀？"文文说："我不累！"虽然额头上冒着细细的汗珠，但文文的脸上仍洋溢着灿烂的笑容。

"惊喜",对于每一个渴望神秘的孩子而言是美好的、充满期待的,无论是孩子收获惊喜还是给同伴、老师制造惊喜,这都是一个快乐且幸福的过程。在毫无预知的探索中,在每一次的发现中,放眼望去,满目皆是惊喜。

 ## 二、自信

孩子就像天空中的那一颗颗星星,闪烁又明亮。你以为他们只会散发出微弱的光吗? 其实他们正在不断呼吸热量,每一天都在悄悄地改变着……在不知不觉中,他们就会像小太阳一样,光照宇宙。

此刻,大家看到了一个个"自信"的孩子。

收集节里的"你们"

小小的身躯,
拥有大大的能量。
有了大家的加入后,
我们收集到了生活中隐藏着的许多宝贝。

收集节里的"大力士"

有一天早晨,阿花(4岁)满怀欣喜地拖着露营用的推车来上幼儿园,小小的身躯拉着大大的推车,一下子吸引到了周围许多人的目光,大家都充满好奇地望着阿花手里的推车,想知道里面究竟藏着哪些"宝贝"。阿花拉着推车径直走向了收集区,她兴奋地对老师说:"老师,你快看,我从家里收集到了这么多东西!"原来昨天她在家里进行了一次"大扫荡",把家里不用的物品,按照收集清单上的内容和妈妈一起进行整理,然后"打包"放进推车里。

图4-2 阿花和她的收集车

收集节里的小小搬运工

第一天,想想(6岁)加入了布艺组后,首先从材料架上取下几块布拿给妹妹,随后自己也拿了几块布,并轻声地对妹妹说:"妹妹,你等下要跟紧我哦!"于是想想走在前面,妹妹跟在后面一起去送布。在送布的路上,想想还时不时地回头看妹妹是不是跟在他的后面。送达"目的地"后,想想弯着腰,仔细地将布摆放好,然后继续回到一楼和妹妹一次又一次地进行"派送",全然忘却了时间。

第二天,雯雯(6岁)和弟弟负责将纸盒配送到二楼的班级。一开始雯雯对弟弟说:"你拿小一点的纸盒吧!"弟弟听了姐姐的话后,挑选了几个小一点的纸盒进行派送。两人成功派送了第一单后,紧接着继续派送第二单。只见两个人铆足了干劲,一刻不停地进行派送。其间,雯雯不忘关心弟弟:"我们休息一会儿再送吧!"弟弟却说:"我不累!"这真是两个不错的"快递员"呢!

第三天,可把涞涞(4岁)忙坏了,他的小任务是运送一楼班级的瓶瓶罐罐。刚开始涞涞显得有一些茫然,因为不知道童四班的具体位置在哪里,他急得直冒汗。正在这时,身旁的妹妹牵起他的手轻轻地说:"我带你去,我认识!"于是在童四班小妹妹的带领下,涞涞顺利地完成第一

137

趟的运送。

在运送第二趟的时候,他发现了一个问题,如果还是一个一个地拿罐子,这样需要跑好多趟,而且还有好多瓶子没有送完。正在这时,旁边的哥哥吸引了涞涞的注意力,于是涞涞也模仿哥哥的好办法,只见他带着妹妹一起抬着筐,一步一步地将瓶瓶罐罐送到童四班,看涞涞头上的汗就知道他有多卖力啦!

在面对一次次出现的困难的时候,孩子总是会显得异常冷静,同时又能想出各种办法去解决当下的问题。他们自信,又充满机智。

三楼一定要通水

孩子们在"水世界"研究中心里学会了新技能——用辘轳车将底下的水吊上来。记得前几天,大家在幼儿园调查"身边的水"的主题时发现,除了幼儿园的三楼平台,其他地方都是有自来水的。可是露台上还种着许多植物呢,植物宝宝们很需要喝水呀!这时翌翌(5岁)着急地向大家提议说:"那我们得赶快想办法把水送上去!"

问题来了,那要怎么把水运送到露台上呢?

于是几个孩子自发成立了户外运水小队。翌翌自告奋勇地当起"小领队",首先他带领着组员们一起去寻找幼儿园里最长的绳子,他们到处寻找,但绳子都不够长,最后晗晗(5岁)灵机一动想到了一个好办法:"只要把我们寻找到的绳子一个一个打结连接起来,就会变成最长的绳子!"听到晗晗的建议后,几个孩子脸上立刻露出激动的表情,不约而同地连声说:"对,对!"

大家说干就干,晗晗和翌翌以最快的速度将绳子一段段连起来,又找到两个空瓶子,用绳子打结固定。孩子们分成了两组,楼上的轩轩(4岁)慢慢地将绳子往下放,楼下的翌翌大声呼喊:"还差一点,再放下来一点!"这个场景太有意思了,尽管两人碰不上面,但是却有办法相互感受到彼此的默契。当楼下的翌翌把水装好,轩轩和晗晗开始一个劲儿地拉着绳子把水吊上来。当水成功地运上来的时候，两人心里乐坏了。

轩轩小心翼翼地把运上来的水倒入大水桶，但是瓶口太小了，一半的水撒在地上，孩子们脸上流露出可惜的神情，同时又很着急。这时朵朵（6岁）连忙找来了一个塑料瓶并对大家说："我有一个好办法，可以在塑料瓶上面挖一个小洞，这样就可以用漏斗来装水了！""这个办法，可真好啊！"于是大家齐心协力，制作了一个小漏斗，进行第一次实验。

图4-3　一定可以

成功啦，喜悦声瞬间弥漫在三楼的露台上！

从刚开始的手足无措，到最后的信心满满，孩子开动脑筋，出色地完成原本以为是个艰巨的任务。不要觉得孩子年幼无知，其实，他们每天都在创造奇迹。

 **三、真诚**

孩子们每天都在不断学习和成长，他们从生活中学会了怎样从容应对、接纳同伴、真诚地分享……

此刻，大家看到了一个个"真诚"和"友爱"的孩子。

照顾新朋友——蚕宝宝

春天到了，
幼儿园里来了一群神秘的"客人"。
它们是谁呢？
原来是蚕宝宝大驾光临。
这又会给孩子们带来怎样的神奇际遇呢？

第一天——欢迎新朋友入住

"这是蚕宝宝吗？身上白白的！"朵朵（6岁）低着头，围着蚕宝宝一边观察一边说道。兮兮（6岁）观察了一会儿，想伸手去触摸但又突然缩回了手说道："它身上应该是软软的，但是我有一点害怕，不敢摸。"乐乐（4岁）说："我们要给蚕宝宝准备好食物，不然它要饿坏了。"

对于"新朋友"的到来，大家产生了浓厚的兴趣。原来蚕宝宝有许多小脚，蚕宝宝喜欢吃桑叶，它摸起来是软软的……

图4-4　我的新朋友

第二天——采桑计划正式启动

前一天，孩子们对蚕宝宝的喂养有了一定的了解。第二天，采桑计划正式启动！今天大家打算一起给"新朋友"寻找桑叶。奇奇（5岁）找到不同的树叶，和攥在手里的桑叶进行仔细对比。奇奇在一棵树下停留了很久,也和手上的叶子反复比对着,感觉这棵树上的叶子很像桑叶。一旁的朵朵(6岁)看到后说道:"这不是桑树,桑树是不会开花的。"其他孩子听后也随即补充:"这棵是樱花树。"朵朵坚定地说:"是的,这棵树上开的是白色的花。"

在寻找桑叶的过程中,朵朵也很用心地当起了小小"质检员",她一边在寻找桑叶,一边和同伴进行交流:"桑叶上面还有一些小毛毛,叶片上面还有许多的叶脉!"有了孩子们的相互把关,采桑计划顺利地进行着……

第三天——细心照料新朋友

在喂养时,朵朵格外地仔细,她将桑叶撕成小碎块,慢慢喂给蚕宝宝吃,动作十分轻柔,生怕会弄伤蚕宝宝。弟弟妹妹们也非常主动地参与喂养蚕宝宝的过程,通过查阅资料得知蚕宝宝不喜欢吃湿湿的桑叶,于是大家在收集完桑叶后便一起将桑叶处理干净再喂养蚕宝宝。

每个孩子都有自己擅长的本领,通过相互帮助,孩子们都能真诚地采纳他人的意见。在交往的过程中逐渐感受到"友谊"的可贵,同时在孩子纯真的世界里种下友爱的种子,这颗种子逐渐生根、发芽。

我是小小"导航员"

皓皓(6岁)在大家的眼里总是风风火火的,平时走路、做事情速度都很快。

这次在"小脚丫之旅"研究中心里,孩子们的小任务是画出一楼的路线图。这次采用了一个特别的方式——抽签游戏,小朋友们都兴奋不已。

乐乐(4岁)抽到了一个比较难找的地方——仓库,这可怎么办呢?于是老师主动询问乐乐:"你知道幼儿园里的仓库在哪里吗?"她听后摇了摇头说:"那我不知道。"于是老师又问旁边的皓皓(6岁):"皓皓,你知道幼儿园的仓库在哪吗? 能帮妹妹一起找一找吗?"皓皓立马点头自信

图4-5　有哥哥在

地说:"可以!"只见他拉着乐乐来到教室门口,边走边指了指仓库的位置,当他发现乐乐还是不知道仓库的具体位置,于是埋头画起了路线图,画好之后,皓皓便拿着路线图,照着路线图带着妹妹仔细地走了一遍,这下妹妹终于知道仓库的具体位置了。于是她开心地跑回来对老师说:"老师,我知道仓库在哪里了!"在后面介绍路线图时,皓皓还会在妹妹介绍完后主动帮忙补充,这真是一次特别的体验!

　　孩子们在混龄的环境下,在不断探究的过程中,扩大了自己的"社交圈"。弟弟妹妹在哥哥姐姐的带领下逐渐完成原本无法完成的任务,小小的成就感油然而生。

第二节　初生牛犊的勇小孩

孩子们从出生的那一刻起便具备了无畏的勇气。他们在学习的旅途中，不怕摔跤，不怕失败，在每一次的跌倒与挑战中让自己变得更加勇敢。

你好，勇小孩！

 **一、坚持**

有时候我会问孩子："这样是不是很有成就感？""刚才玩得很开心吧？""挑战成功后会不会觉得自己很棒？"他们在获得成功的时候答案是肯定的。带着那股初生牛犊的劲，全然沉浸在自己的"探究"中。

此刻，大家看到了一个个"坚持"的孩子。

坚持就会成功

哥哥姐姐们说干就干，大家根据设计图选择适合的木条开始制作烧烤架。刚开始选择材料时，小雨(5岁)在材料区仔细地寻找了许久，还是没有心仪的材料，她显然有些着急又失望。这可怎么办呢？小雨灵机一动，拿起一根木条开始比对长度，然后把多余的部分做个标记，紧接着，小雨用锯子锯掉多余的木条。

过了好一会儿，大家开始进入下一个阶段——钉钉子。"叮叮叮"，此刻的木工坊响起了此起彼伏的敲打声。

这时嘉嘉(6岁)遇到了困难：为什么钉子总是敲不进去呢？身旁的

143

小雨(5岁)看到后随即走到她的身旁,轻轻地对她说:"没关系,我有一个好办法——竖起来敲,钉子马上就被敲进去了!"说完后嘉嘉用手扶着木框,小雨开始帮助嘉嘉敲钉子,刚开始敲钉子的时候方向有一点歪,但是嘉嘉鼓励她道:"没关系,我们重新试试看!"有了两个人的默契配合,这下总算成功了。另一组的孩子看到后借鉴了这个好办法。

在大家坚持不懈的努力下,烧烤架终于制作完工了。

心里有"大大"的愿望,行动上就有"满满"的动力。虽然钉钉子的任务有些艰巨,但是丝毫没有影响孩子们攻坚克难的热情。在坚持不懈地完成一件事情时,孩子们呈现出一股向上的力量和敢于拼搏的勇气。

春天里的"小画家"

美好的春日

如约而至,

一切都是新鲜的。

孩子们在春日里,

感受大自然的千姿百态。

走近春日的大自然

春回大地,万物复苏,大自然里的每一个角落都弥漫着春天的气息。老师和孩子们一起去幼儿园附近的小区探寻春天的味道。肉肉(4岁)走在队伍的最前面,忽然一只小鸟从孩子们的头上飞过,肉肉听到小鸟的叫声后,抬头一看,手指着天上说:"快看,有小鸟!"孩子们听到后也抬头望去,果真有小鸟。这时,耳边又传来稚嫩的声音:"春天到了,小鸟们也出来找食物吃了。"孩子们充满期待地四处寻找春天的足迹,肉肉一会儿跟着安安(5岁)捡地上的花瓣,一会儿跟着凡凡(6岁)闻一闻树叶的味道……沉浸在欣赏春天的美景中。春风吹绿了树上的枝芽,也吹动了孩子们的热情。他们逐渐感受到了来自春日里花草树木的芳香。

图4-6　花瓣画

春日，"赏"樱会

幼儿园大门口的樱花树成为孩子们的"网红"打卡地。肉肉拿上画板来到樱花树下，想记录眼前美丽的樱花树，可是肉肉不会画画，这可怎么办呢？只见他突然蹲了下来，开始一片片地捡起地上的花瓣放在纸上，老师问肉肉："肉肉，你这是在做什么呀？"肉肉回答说："草地上有好多花。"最后肉肉将捡来的花瓣铺满在纸上，凡凡（6岁）看到不禁地发出感叹说："哇！我觉得肉肉的樱花树好特别。"

在春天的大草坪上，诞生了一位小小的画家！

孩子们的小脑袋里总是会蹦出许多意想不到的点子，他们总是用自己的办法去解决身边的问题。让孩子踏上奇幻的探究之旅，走向未来多彩的世界。

二、突破

孩子有一百种语言,就有一百个想法。创造力是什么? 创造力是指面对挑战及在解决问题、创造新事物过程中,能够产生独特并有价值的想法、观点或解决问题的一种能力。我们相信,每个孩子都是天生的创造者。

此刻,让大家看到了勇于"纳新"和"突破"的孩子。

春味餐厅

大家决定开一间"春味餐厅",这真是太令人期待了! 本期的主要食材是春日野菜。春天有哪些野菜呢? 不一会儿天天(6岁)就画出了几种新菜品,还自告奋勇地推荐给大家。

它又绿又紫,
又尖又圆,
它又粗又细。
你猜到了吗?

图4-7 最"香"的香椿

天天随后还意犹未尽地补充道："它闻起来一点都不好闻,有点臭臭的。"那就非香椿莫属啦! 一听到香椿是臭臭的,很多孩子顿时没了兴趣。但当他们了解到香椿蕴含着许多营养,也有较高的药用价值后,便对香椿"另眼相看"了。

从"我不知道"开始,孩子们开启了神奇的探究之旅。在这趟旅行中,赋予孩子更多学习与探究的机会。每一次的探究都有不一样的发现,直到最后变成一个个侃侃而谈的"创造家"。

特别的管道

在包子(6岁)给管道搭建选好合适的地方后,新的问题又随之出现了:管道要怎样固定在墙面上呢?

包子皱着眉头,思考了一会儿,终于想到了解决的办法——用靠在墙边的柜子来支撑住管道,可是随着管道的不断增加,柜子承受不了管道的重量,连接好的管道很快就倒了下去。

甜甜(6岁)看到后,提议说:"我们用绳子试一试吧。"两人利用绳子将管道固定在窗户的栏杆上,接着将管道向四面八方铺开,这时候离固定点较远的管道开始脱落了——这可怎么办?

研究中心里的几个"小侦探"开始想办法破解难题。

原来是管道与墙面固定得还是不够牢固,于是包子找来剪刀和单面胶将管道固定住,这样就牢固多了。

孩子天生就是创造家,他们身上散发出来的创造力是无穷的。幸运的是这一刻被细心的老师捕捉了,而孩子们也送给了老师一个大大的"惊喜"。

 三、执着

坚持的力量不容小觑,凡事要执着地坚持下去。当孩子义无反顾地

向前冲的时候,难免在成长的旅途中会有失落的瞬间。别怕,勇敢地坚持下去,就算遇到困难,也要擦干眼泪继续前行。

此刻,让大家看到了"执着"和"坚持"的孩子。

看见"完整儿童"

杭杭(4岁)是一个活泼有时又有点"失控"的孩子,虽然他是这样一个孩子,但他有时却很敏感,总是会给你带来意想不到的惊喜。

故事发生在一次旅行开放周活动的时候。在开放周当天,杭杭只带了一个硬币。当大家在讨论"你最想去体验什么游戏"时,杭杭脱口而出地说道:"我要去吃爆米花。"但是他只带了一块钱,钱不够怎么办呢? 在老师的帮助下,杭杭向俊泽(5岁)借了5块钱去体验游戏。

过了十几分钟,杭杭突然哭着来找老师:"老师,我要去吃爆米花,可是我没有钱了。"

于是老师关心地询问他:"你这么快就把钱用光了,你为什么不先去吃最喜欢的爆米花呢?"他一边哽咽一边回忆道:"刚才有个小女孩问我要两块钱,我就给她了,后来她又问我要了两块钱,我又给她了,我自己玩了个套圈就没有钱了。"老师安慰他道:"那个女孩叫什么名字你知道吗?"他着急地回答说:"我不知道。"于是老师慢慢地蹲下来温柔地对他说:"你今天吃不了爆米花了,那明天去行吗?"他说:"那我明天当服务员怎么办?"老师问他:"你要不先不当服务员,去吃爆米花吧!"这个提议一下子遭到了杭杭的拒绝,他坚定地说:"我要当服务员!"

直到第二天杭杭做完服务员后,才去吃爆米花。

孩子的世界就像一个神秘的多宝盒,里面藏着无限的可能。平日里顽皮的孩子可能藏着一颗细腻又执着的心,就算自己想吃爆米花这个念头再强烈,也阻挡不了自己要当"研究中心工作人员"的心。

藏在沙池里的秘密

孩子们听说沙池里埋藏着各种各样的石头,一时间对沙池产生了浓厚的兴趣,都想要一探究竟。

包包(5岁)来到了沙池旁,迫不及待地穿上鞋套,准备开启探索之旅!他先选择了两种不同的工具——铲子和方形沙漏,只见他拿起铲子将大量的沙土铲进沙漏里,然后用小手给它轻轻地压平,慢慢地摇晃。这时,大量的沙土都被筛出来,各种各样的宝石依稀可见。

他一边摇晃,一边嘴里说着:"哇,好多宝石!"看到了这么多宝石后,包包的兴趣更为浓厚了。他充满期待地到沙池里各个角落继续"淘金",同时他还不忘招呼身边的好朋友一起加入这个"淘金"队伍。

分类挑战马上就要开始了,面对这么多各种各样的石头,大家一时间都乱了阵脚。

这时,包包激动地举起了自己的小手,然后向同伴分享了自己的成

图4-8　收集宝贝

果。他把这些石头根据不同的颜色,将它们分别放在不同的纸杯里。小朋友们看到包包今天的"战利品",都纷纷向他投去了羡慕的目光。

原来每个年龄段的孩子都有自己的潜力,锲而不舍地追寻自己的目标,对每一件事情都充满着热情。孩子每一次改变都有迹可循。

第三节　无限可能的淘孩子

孩子的生命活力极其旺盛,内心的版图也在不断地向外扩张。在孩子的眼睛里闪烁着好奇的光芒,他们总是会问一些成人觉得可爱的问题,比如:"为什么天上有星星?""为什么长颈鹿的脖子这么长?""为什么蝌蚪要找妈妈?"带着这些好奇,他们勇往直前地去探索,让我们一起去守护天马行空的童心吧!

你好,淘孩子!

一、沉浸

小时候的快乐总是简单的、纯粹的。定格童年的瞬间,沉浸是一种快乐,陶醉是一种幸福。每时每刻,孩子们都在被各种事物深深地吸引。

此刻,让我们看到了一个个"热爱探究"和"无限可能"的孩子。

地下有没有水?

大家都想证明自己"博学",于是由骁骁(5岁)带领第一考察队去寻找地下水。大家拿着挖土工具,满怀期待地来到大草坪。在挖土的过程中,孩子们惊喜地发现泥土粉粉的,有一点点松软。

接下来他们转战去了树丛阴凉处,骁骁用手摸了摸泥土说道:"这里的泥土摸上去湿湿的,是地下水流过的痕迹。"

在探寻的过程中,孩子们也寻求了幼儿园里大朋友的帮助,比如他们派了小代表邀请保安叔叔帮忙打开幼儿园里的窨井盖,让大家一探究

图4-9　下水道的秘密

竟……在观察水在地下流动时,骁骁俨然成为一位专注的小科学家。他灌一壶水,从窨井口中慢慢地倒下去,然后他马不停蹄地跑到另一边仔细观察水有没有流出来。第一次没有发现有水流出来,于是他重复了好几次同样的动作,当他成功看到水流过来的时候,那种激动不言而喻。

在观察窨井的时候,天天(6岁)惊叹道:"原来窨井就像一个黑洞,里面还有水。"旁边的佳佳(5岁)睁大了眼睛,也觉得很不可思议,她说:"地底下的水原来和自来水是不一样的,地下的水有点脏脏的。"于是安安(5岁)凑近一看立马说:"我还闻到了有一点点臭臭的味道。"

虽然地下水味道不是那么好闻,但是孩子们还是迟迟不肯散去……

孩子们带着好奇开启了一趟奇妙的探究之旅,好奇心激发了他们强烈的探究欲望。这场学习的旅行更是孩子探索自我,见识世界的过程,更重要的是孩子拥有了学习的自主权。

"蟹包"的由来

在"呼噜"研究中心,孩子们对螃蟹不断地深入了解后,开启了进一步的观察记录。晗晗(6岁)选择承担队长的职责,带领队员一起进行观察记录。她一边凑近观察小螃蟹,一边在纸上画下小螃蟹的样子。小螃蟹是男的还是女的呢?孩子们产生了疑问。悠悠(4岁)说:"看小螃蟹的钳子,钳子大就是男生,钳子小就是女生。"琦琦(5岁)说:"要看肚子,肚子尖尖的就是男生,肚子圆圆的就是女生。"听到琦琦的话后,悠悠凑近螃蟹仔细观察,她先看了看螃蟹的钳子,又瞅了瞅螃蟹的肚子,最后斩钉截铁地说:"这只螃蟹是'小女生'。"

终于到了取名字的环节,大家都有许多别出心裁的想法。

悠悠说:"我给他取个名字叫蟹蟹。"这时甜甜(6岁)说:"它长得有点黑,叫小黑吧!"箫箫(5岁)也加入了取名字的队伍,她想了一会儿突然说:"要不,叫泡泡吧,因为它会吐泡泡呢!"……说完她哈哈大笑起来。大家激烈地讨论着,想给螃蟹取各种各样的名字。

最后小螃蟹的新名字诞生啦!它叫"蟹包",因为外形长得像面包!

孩子与成人一样,是一个构建者,构建起认知世界的独特视角,同时孩子也是有力量的思考者,我们要尊重每一个孩子的想法,与他们一起去探索世界的奥秘。

二、放飞

论想象力,一定没有人可以比得过孩子们。梦想中的世界会是怎么样的呢?孩子们会给出许多脑洞大开的回答。

此刻,大家看到了一个个自我"放飞"的孩子。

给小鸟一个这样的家

一场大雨过后,诚诚(6岁)无意间看到了有一只小鸟在鸟窝里被雨淋湿了。她望着窗外,思来想去,最后决定给小鸟制作一个特别的家。于是她来到木工坊仔细挑选木头,根据图纸摆弄起来。只见她用笔把每

一处都细心地做好标记，一边做标记，一边不断地对照图纸进行调整，紧接着她开始用钉子固定好每一处连接口，动作娴熟。每一步完成后她都像一个"质检员"一样，仔细查看钉子有没有钉歪，接缝处有没有松掉。诚诚想给小鸟制作一个完美的"家"，在每一次下雨的时候都可以淋不到雨。

就这样，一天，两天，三天……过去了，木工坊时常可以看到她专注的身影。

一缕阳光照进了木工坊，小鸟的"家"也即将完成了，她满怀期待地将小鸟的房子搬到一楼的树旁，然后开心地爬上梯子，小心翼翼地将它平放在树上。

等待的日子，总是显得特别漫长。诚诚时常趴在走廊的栏杆上，朝那棵树望去，心里等待着那只小鸟重返新"家"入住。一天又一天，她心里依旧充满着期待……直到第七天，诚诚意外地发现，这个"家"它成了一只受伤鸽子临时的住所。

第八天，鸽子飞走了。

图4-10 等小鸟回家

诚诚找来了一些吃的,架起梯子,爬上去给小鸟的"家里"撒了一些食物,等待着它们归来……

守护孩子们心底的每一缕阳光,每一个人都渴望成就感,成就感就如同加油站,时刻为自己补充能量,继续向前奔跑。在人生的每一刻都充满着冒险和奇遇,让孩子自然地生长,自由地绽放。每一刻,都显得弥足珍贵。

夏天的儿童诗

儿童诗:夏天来了吗?

骁骁(4岁)在纸上画了很多雨滴后,停下笔叫道:"老师,我不会。"显然,作诗对三四岁的孩子而言的确是件难事,于是老师耐心地进行引导:"你觉得夏天有什么特别的景象吗? 你画了哗啦啦的雨,还有其他吗?""下雨的时候会打雷,会有很响很响的雷。"他回应道。"哦,会打很响的雷,真不错,还有吗?"骁骁想了一会儿,又在旁边画了太阳,指着纸上的花说那是太阳花,我们一起把这些事物写成一首诗吧!

儿童诗:冰激凌

今天孩子们尝了夏食馆的冰激凌,于是大家一起把品尝冰激凌后的感受"画"了下来……老师问道:"冰激凌吃到嘴里是什么感觉呀?"骁骁不假思索地回答道:"嘎嘣嘎嘣脆。"

当老师听到这个不错的拟声词时,感到很意外,于是便继续问道:"你是吃到了冰沙吗?"他一边哈哈大笑一边点了点头。老师好奇地问:"那你的舌头有什么感觉呢?"他想了想回答道:"感觉像有人在跳来跳去。"哇,真不错,儿童诗就在交流中创作出来啦! 骁骁还意犹未尽,打算继续创作关于"冰激凌"的儿童诗……

在老师的引导下,四岁的骁骁成了儿童诗的创作达人。

冰激凌，

落在我的心中，

像雪花一样，

漂流。

——儿童诗《冰激凌漂流》

　　世间的万物赋予孩子各种各样的天赋。孩子从刚开始的有些茫然，到最后的得心应手，经历了不断的观察、思考。他们展现出来的是一股巨大的创造力。

三、崇拜

　　每一个孩子都有与生俱来的力量，学习的力量、探索的力量、思考的力量，又或是爱的力量……每一个孩子都有自己独特的那一面。让我们一起去感受孩子的力量，与他们共情共生。

　　此刻，大家看到了一个个"智慧"和充满"魔力"的孩子。

小朋友，大智慧

最近，研究中心的孩子们在制作水井。

第一次，睿睿(4岁)选择了用超轻黏土制作，当他快做完的时候，他主动地拿给老师看，老师说："可以给井的一圈都围上围墙哦！"得到老师的肯定后，睿睿开心地点了点头说："嗯！"随后他就用黑色黏土把井身粘了一圈，他细心地把每一处都粘严实了。

第二天，他很得意地给老师看昨天的成果并说道："老师，你快看，这是我昨天完成的作品！"老师看完后投给他赞许的目光。当他经过哥哥的边上时，看到他们做好了支架和转轴，于是他也去找来了相同的材料。

第三天，大家对自己选择的黏合材料进行了讨论和互相学习。令大家意想不到的是，在这场讨论会上，大家发现睿睿用超轻黏土的方法是最方便的。哥哥姐姐们都来学习他的好方法，真是太令他骄傲了！

图 4-11　你好棒哦！

　　探究的旅程是没有年龄界限的,在孩子幼小的心灵世界里,有一双与大人不同的发现世界的眼睛。他们用自己独特的办法去尝试,并不断优化自己的想法。

小小魔术师

　　从废纸变成一张有用的纸需要哪些步骤?

　　小茉莉(6岁)说:"要把废纸弄得更碎一点,然后捣得很碎很碎,再加水泡一会儿,最后晾干!"

　　佳佳(5岁)紧接着说:"要用造纸的板,像深坑一样垫在下面,有一个像网一样的东西,它会过滤水。"

　　凯凯(4岁)说:"还要有个刷子刷,把它刷得平平的才行。"

　　孩子们第一次对造纸的步骤有着自己不同的猜想。那怎么样可以把纸撕得碎碎的呢? 弟弟妹妹尝试用手撕,可是撕出来的纸是大块大块的,并不能用。

　　文文(6岁)想了个好办法,他找来捣白,将大块的纸放进去用力捣,

157

边捣边对弟弟妹妹说:"纸这样就可以捣碎了。"过了一会儿,他一边捣一边对弟弟说:"你要不要试试看?"弟弟开心地接过工具继续"工作"。

小茉莉(6岁)有了一个大胆的想法,她打算把碎纸放到榨汁机里面去榨。但是第一次操作的时候好像失败了,因为纸好像并没有变得很碎。小茉莉虽然脸上露出失望的神情,但是她丝毫没有放弃,打算换一种方法,在里面加一点水,让纸跟水搅拌在一起,在榨汁机里榨。出乎意料的是,这下她的"金点子"居然成功了。

其他孩子也纷纷尝试了各种办法。只见小米(4岁)加了一点点的水,按动开关按钮之后,发现无论榨汁机怎么运转,纸还是不能搅得很碎。

大家开始思考……

可乐(6岁)首先想到了办法,说:"我们可以再加点水试试看,可能因为纸太多了,水太少了,所以才搅不动。"于是大家给榨汁机再加一点水,发现效果不是那么明显。小米说:"那再多加一点水吧,加到一半的位置试试看。"后来发现只有在水不断地加进去,纸才会在榨汁机里变得越来越碎,最后就变成了纸浆。

从一颦一笑,从指尖眉角,我们看到了孩子们对事物探究的热爱,看到了他们不断地为达到一个目标而不停地思考,孩子的心灵是开放式的,就像海绵一样不断地向外界吸收,此刻的你们,由内而外散发出蓬勃的生命力。

第五章

携手　师幼同行下的美好场景

　　成人的幸福感取决于生活中的许多因素,但老师的幸福感往往来自孩子。在幼儿园这个小小的世界,老师们在获得幸福感的同时,也有着无限的收获与巨大的成长。他们不仅与班级中的孩子生活在一起,还和这里所有的孩子玩在一起、学在一起。他们每个人都是充满无限想象的"画家",而孩子如同各类材质不同的白纸一般,老师用他们充满想象的画笔,描绘出一幅幅风格各异的美丽画卷。一群有爱、有梦、有慧、有伴的老师,在这个小小的世界里不断培育孩子、滋养自己,与孩子一起慢慢地在成长,生根、发芽、开花。

第一节　陪伴　支持幼儿探究的行为策略

伴随着啼哭声的到来，一个新生命呱呱坠地……

产房里除了妈妈以外，还有穿着白大褂的医生一起庆祝着新生命的到来。妈妈听他嘹亮的哭声，看着他皱巴巴的皮肤，感叹着自己在这世上又多了一份陪伴与牵挂。

慢慢地孩子长大了，离开了自己的原生小家，踏入了他人生的第一个"群体生活"之家。用一天24小时去计算，除去保证充足睡眠的9—10个小时，孩子们一天大约有8个小时的时间都在幼儿园与老师们在一起生活，这段时长甚至占据了他们一日生活的60%。当孩子人生第一次离开自己的父母，感受分离的焦虑，步入另一个陌生的环境。这一步意义非凡。幼儿园就是他们的第二个"家庭"，在这里有他们喜爱的环境和紧密的社交群体，他们都很爱这8小时。对于老师而言，他们也在这8小时中，和孩子一起构建了一个自己家庭以外的"家"。

在儿童研究中心，老师们学会用许多种不同的"陪伴方式"去看见、了解、支持孩子。老师总用各类策略去发现、提升自己的"陪伴质量"，让孩子能够在"陪伴"下进步、在"陪伴"下成长。

一、充分地倾听

总能听到一种有趣的说法："我们拥有两只耳朵，却只有一张嘴，这就是在告诉我们，倾听比表达更为重要。"人与人之间的有效沟通，往往同练习抛接球一样，需要你来我往。老师学会暂时闭上自己的嘴巴，把自己的想法和表达的欲望暂时搁一搁,才能让孩子有更多表达机会,而且老师们还能够在孩子们的表达中,看见自己未曾了解的另一个世界。

(一)听比说更重要

在幼儿园里能看见这样的一幕:整齐就座的孩子用好奇的目光凝神望着面前正滔滔不绝的老师,每当孩子想"插嘴"时,总会被打断或被阻止。其实人与人之间交往并不是单向的,若只允许教师一人唱"独角戏",那孩子岂不是变成了无思想、无行为的机器?

1. 允许必要时的"插嘴"

"插嘴"是一个总带着一丝贬义色彩的词,它似乎就是不礼貌、出边界、没分寸的代名词。在成人看来,"插嘴"是一种挑战权威的行为,但对于幼儿来说,"插嘴"很多时候只是他们迫切想表达自己意见的一个行为。有时,当"插嘴"现象出现的时候,老师可以等一等,正视孩子的"插嘴行为",寻求其背后真正的原因,允许必要的"插嘴",满足孩子表达的欲望。

【案例5-1】 "迫不及待"的点点

我与孩子们围圈坐下,想要和他们一起分享大家收集的资料。介绍到点点带来的泰国材料时,我一边出示着点点的图片,一边与孩子们细数着图片上面的特色服装与水果。

"泰国有很多我们没有见过的水果,比如这个……"我的手指向了红毛丹的图片,还没等我报出它的名字,坐在下面的点点便说:"这是红毛丹!"我点了点头,继续说着:"它的外形毛茸茸,果皮上点缀着鲜红、浅黄与草绿色……"

"红毛丹需要用很大的手劲才能剥开,用小刀帮忙会比较好。"在我介绍红毛丹的外壳时,点点却已经急不可待地说到了处理果壳的方法。点点多次打断我的表达,小朋友们的注意力也转移到他身上,见状我转变了策略,把介绍任务"转"给了他。

"点点,这些材料是你收集来的,我想你可能会比老师更了解。不如今天你来做小老师,我也做一回小朋友,请你来给大家介绍,你愿意吗？"点点的嘴角慢慢上扬，用力地点着头，我从他的眼神中看到了期待的目光。我与他交换位子，他开始自信满满地介绍起来。

介绍完后，点点收获了小朋友们热烈的掌声。

案例中的老师能够及时根据孩子的行为调整教学方式，让点点的表达欲望得到满足。一个愿意倾听的老师从来不会因为孩子打断自己的"话"而恼怒，而是会思考"插嘴"背后的原因：是单纯地扰乱秩序，还是有紧急事情发生，又或是希望"争夺"表达权。孩子的每一个行为都有它背后的含义，能够"听"见他们的"插嘴"，分析他们这么做的需求，才能让孩子感受到老师对他们的尊重与支持。

2. 教师退出主导地位

上课，在过去总被看作是老师才能做好的事，幼儿园里孩子的大部分活动也以老师占据主导地位。但其实，并不是所有的事都需要老师做主导。面对孩子想自己解决、能自己完成的事，老师应该慢慢地退出主导地位，把做主的权利还给孩子。

【案例5-2】 "闹矛盾"的姐弟俩

"老师，甘甘刚才撞到我了。"丹丹噘着嘴向我哭诉。"撞到哪了？怎么撞的？"我带着丹丹走到甘甘面前想要搞清楚事情的经过。

"你干什么！你刚才撞到我了，跑得太快了！"丹丹冲着甘甘说道。

"啊？我撞到你了？"甘甘一脸疑惑。

"是啊，刚才在那个转角的地方，你和他们追来追去，撞到我的头了！"

"我没有撞到你。"两人都不退让。

当我刚想开口说话介入孩子们这场"纷争"时，听到甘甘说："那你现在还痛吗？"

"哼……"丹丹还是鼓着小嘴，似乎还很介意。

甘甘转头向我投来求助的目光。

> "你觉得应该怎么办呢?"我试图让两人自己解决。
>
> "孙老师说过教室里是不能跑的,你怎么能跑来跑去! 要不我陪你去医生阿姨那里看一下吧。"甘甘想牵起丹丹的手一起去医务室。

案例中的老师全程并没有说几句话,似乎更像是这场纠纷的"旁观者"。她有意识地将问题抛还给孩子,希望孩子用自己的方式自主解决。很多时候,老师并不是法官或是裁判,老师要做的是多一丝倾听,多一分理解,多一次放手,把主导的权利还给孩子。

(二)听完整很关键

"时间到了,明天再邀请你来讲好吗?"20分钟的游戏、10分钟的睡前故事,幼儿园的一切似乎都有固定的时间。很多孩子回到家也是如此,5分钟的刷牙、30分钟的晚餐,孩子的表达在一次又一次的时间限制中被打断、被暂停,甚至是被取消。倾听,并不是听到孩子的话就可以,更重要的是把孩子的表达听完整。

1. 听完他们说的每一句话

千人千面,每个孩子都有不同的个性,也会相应存在各种不同的表达方式。有的孩子会把重点放在前面,有的孩子会把重点留在最后,这就需要我们把孩子的表达听完整,才能明白他想表达的真正意思。

【案例5-3】 阿诚的独白

> 当我第一眼看到这幅画时,并没有看明白这是什么动物。我能感受到它明显的外部特征,例如很大的头、很多脚,有点像章鱼,却又觉得不是那么贴切。毕竟这个章鱼的脚怎么会这么短?
>
> 于是我去问了这幅画的作者阿诚。
>
> "阿诚,你的章鱼为什么脚那么短啊?"
>
> "因为我小,腿很短,所以是短腿章鱼。"
>
> "那你为什么觉得自己像章鱼啊?"
>
> "因为我吃饭吐进吐出的,旁边都是我吐出来的食物。"

图 5-1　阿诚笔下的自己——"章鱼"

孩子的世界充满无穷无尽的想象力,阿诚的想法很特别,也富有童趣,他的创作充满了个人特色。完整的聆听让我们离孩子的世界更近一步,和他们一样用纯真的眼光看待世界。

2. 给你,你想要的时间

幼儿园的孩子数量少则几百,多则上千,如果我们让每一个孩子都有充分表达的机会,老师是听不过来的。"你们一起做。""你们讨论一下,等会儿一个小朋友告诉我你们的讨论结果。"老师常常会采用这样的小组形式进行讨论与沟通。但是,这样的结果能看到每一个孩子吗? 真的代表每一个孩子的想法吗? 其实,每个孩子都需要有被倾听和允许充分表达的时间,给孩子想要的时间,让每个孩子的想法都能被看见,都能得到回应。

【案例5-4】　一个孩子的声音

> "老师,哈哈他不和我们合作,大家商量好做扇子,他现在又来捣乱!"
>
> "我没有捣乱! 我也想好好做。"哈哈有点生气了。

"哈哈不如你来说说,为什么想做数字扇?"老师在一旁提议道。

　　"我最近数字写得好,妈妈表扬我了,我现在很爱写数字,我想做一把属于自己的数字扇。"

　　"不如这样吧,你们分成两组,哈哈可以做自己喜欢的,其他小朋友做你们想要的荷叶扇。"

　　"好,那就这样决定吧!"

　　当孩子在尝试学习合作时,老师会鼓励他们彼此接纳、尊重,但老师也应该看见并支持个体孩子的不同需求。就如哈哈因为最近爱上写数字而执着地想做一把"数字扇"时,老师的倾听与尊重满足了他的愿望,而其他的孩子也能有自己的时间,做自己想做的事物。

(三)听是为了了解

　　读懂孩子并非易事。老师尝试着找寻很多不同的策略去发现、走近、了解他们。其中最直接、有效的方式就是倾听。倾听让老师更了解孩子,也更想要读懂孩子,从而更好地帮助孩子,助力孩子的发展。

1. 因为听,我想去懂你

　　无论是外向的孩子,还是腼腆害羞的孩子,当老师与其互动时,或多或少就产生了一些"礼尚往来"般的对话。即使是不愿与陌生人交谈的孩子,我们也能从他与旁人的交谈中捕捉到一些可以了解他的信息。

【案例5-5】　老师的"近一步"

　　今天是儿童研究中心新主题"地下有什么"开启的第一天。我第一次遇见这一轮选课的孩子,有一些是我之前打过照面的,有一些是以前没有见过的。"有哪些小朋友见过这种又红又大的萝卜?"我尝试与孩子们开启对话。我请了一位面生的孩子问:"请你来说说,你在哪见过?""在我外婆家。""这种萝卜是你外婆种的吗?"我又追问道。她点了点头。"哇,那你外婆家还有什么其他蔬菜吗? 和萝卜一样藏在地下的。""我外婆家有很多蔬菜,我不知道是不是种在地下,我可以下次去看看再告诉你。"

案例中的孩子在和老师互动时很好地给予了老师积极的回应，老师也期待着下次与她一起探究的时光。初次见面的师生因倾听慢慢构建起彼此了解的桥梁。因为倾听，老师对孩子的生活有了更多的好奇；因为好奇，就会想要更进一步的了解。

2. 因为懂，我愿去帮你

无论是老师还是幼儿，当他们提出需求时，就会通过语言来表达，特别是当他们迫切地需要解决问题时，表达的频率会更高、形式更丰富。此时，面对如此强烈的表达，倾听便显得尤为重要，只有听了、懂了，才能给予更准确、高效的回应。

二、默契地协作

生活中的"合作"可谓是无处不在。经过日积月累的相处，在老师和孩子对彼此有细致的观察和了解后，在老师和孩子培养出相应的默契后，整个幼儿园到处都能看见互助的场景。

当你需要站到高处去粘贴的时候，你爬上梯子，会有一双手帮你扶住它……

当你手上的东西拎得满满当当，穿过一扇窄门的时候，总有人会接过你的东西……

当你要拖出一个角落中的柜子时，总有人会默默搭上一把手……

（一）从我来变成我们来

我们常常会听到"放手"一词，让老师学会放手，让孩子学会独立。放手不等于不关心，不等于不帮忙，而是循序渐进地与孩子相伴成长。如何让孩子在老师的放手中学会合作、学会独立，儿童研究中心的老师们不断地进行尝试。

1. 只有老师才能做到吗？

"刀是很危险的东西，你要小心一点！""哎，那个太高了，你去拿会有危险！"安全是幼儿园里十分重要的话题，老师总担心孩子会受伤，想着把一些存在安全隐患的"活儿"交给老师去完成。但有些事情真的只有老师才能做吗？孩子真的如我们想象般"脆弱"吗？我们是不是真的应该放手了？

【案例5-6】 自信的"老师傅"

"今天我们要榨苹果汁,有什么办法能去掉苹果皮呢?"

"可以用刀削掉。"

"你会用刀吗? 刀可是有点危险的。"

"我每天回家都要帮妈妈在做饭的时候削皮呢! 在家就削得可好了!"

"这么厉害,那你试一试吧!"

我为孩子提供了削皮刀,只见孩子一手握着苹果,一手拿着刀,

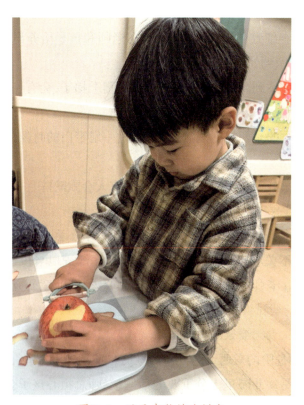

图5-2　孩子在熟练地削皮

案例中的老师虽然担心削皮刀会有点危险，但听着孩子自信的言语、看着孩子诚恳的眼神，老师还是把这份操作的权利还给了孩子，而孩子也不负众望，给予了一份惊喜。其实，孩子有着自己的能力，他们潜移默化地习得了很多新的本领。如果总是把所有事划分成"老师的事"和"孩子的事"，那就永远无法走近他们、了解他们。好奇的孩子，会在无人时悄悄地摆弄刀具；叛逆的孩子，会在成人转身后立马把炮仗丢进火堆；老实的孩子，则会在被成人一次又一次地阻止之后，对世界失去探索的兴趣……

2. 一起干活好像更有劲！

孩子的每一次探索就如同士兵上战场打仗一般，无论他们的兵器如何、经验如何，"勇气"都是他们最宝贵的财富。但每一次勇敢的探索，都需要同伴一起加油打气、互帮互助。在一起，让困难迎刃而解；在一起，让大家干劲十足；在一起，原来如此重要。

【案例5-7】 搭建泰国"水果船"

孩子带来了一些关于泰国特色的文化介绍，其中介绍到了泰国的"水果船"，孩子们提出也想搭建一艘属于我们的水果船。于是，大家在幼儿园的各个角落搜寻起了合适的材料，最后选择了闲置的大型泡沫积木。这样的大型材料建构，对孩子们来说并不是一件简单的事情，于是孩子们决定一起完成。

小班的孩子在旁边传递哥哥姐姐需要的积木，中大班的孩子尝试照着图纸搭建。经过了近40分钟的不懈努力，水果船的雏形终于诞生。随之而来的问题是我们如何把它运到一楼的场地呢？大班的孩子提议："我们这么多人，一起抬下去呗！"

好！此起彼伏的响应声不断响起……孩子们一人一个角落占据好了位子。我也伸出手，抬起一个角落。"哈哈，孙老师也来帮忙了！"

一个男孩发现了我。"对呀，一起干活，我们的劲儿变得更大！"我和孩子们一起抬着他们的成果。孩子们甚至在楼梯上喊起了口号："嘿哟！嘿哟！"这一刻，老师并不是老师，而是他们之中的一分子。

图5-3　孩子们合作构建的"水果船"

　　一个人的家变成一群人的家，就会变得热闹纷纷；一些事情变成我们一起做的事，会让我们更加信心满满……孩子们的合作让行动更加迅速，让活动更加有趣。老师的加入也给孩子的行动增加了一剂强心剂，让他们感受到原来大家在一起这么有趣。

（二）从你来变成陪你来

　　从蹒跚学步到牙牙学语，孩子们总在跟随着成人学习很多技能，经历很多成长关键点。"小朋友们，接下来把自己的小椅子搬进来哦。""吃完饭应该先把自己的小嘴巴擦干净，你已经是个大孩子了，应该是很清楚的。""我们一日生活中有哪些事，是小朋友们自己能去完成的呢？我们今天来讨论一下。"

　　在三年的幼儿园生活中，老师慢慢尝试着让孩子学会他们这个年龄段应该有的技能。当他们慢慢成长，学习到的技能变得越来越多后，老师会放心大胆地让他们自己尝试做那些力所能及的事情。

1. 交给你后，我能干什么？

　　"她可以做到的，让她自己来。""他很擅长撕纸，上一次我见他撕得可好了。"我们常常能听到老师这样的评价。当我们放手交给孩子后，就真的"放开"了？我们还能做些什么？

【案例5-8】 无聊的"老板"

　　在今天的研究中心活动中，我们筹备开放日的体验项目，孩子们各自准备着前一天给自己安排好的任务，我坐到角落的座位观察着。有的孩子在挑选自己喜欢的布料，有的孩子则像个专业的收银员坐在收银台前静静等待。忙忙碌碌的孩子们一直在装扮自己，收银处却长时间无人问津。长期的等待让收银员从精神满满到垂头丧气，又过了一段时间，收银员放弃了自己的工作，走向装扮区进行体验。

　　活动即将结束时，我与孩子讨论了这件事："为什么后来你去体验项目了？"她回答说："没有人来我这里，我有点无聊。"

　　案例中的老师发现，当很多孩子都能在儿童研究中心里"自得其乐"时，却出现了一位略感无聊的孩子，此时作为老师，我们能做的是观察，观察孩子的行为；是询问，询问孩子状态的原因；是引导，寻找其他策略帮助孩子重新进入游戏。

　　2. 一起来吧，能不能加一？

　　孩子的世界美丽而又善良，他们会接纳大部分的"示好"。和孩子玩在一起是拉近与他们距离的好方法。

【案例5-9】 一场激烈的角逐

　　餐后活动中，我看见几个男孩在用脚玩石头剪刀布。这是我昨天教他们的新游戏，男孩子爱上了这种有竞争又带有点碰运气的餐后游戏。教室外的笑声此起彼伏，我吃完饭回到教室后，大家还在游戏。这时，我提议想要加入他们的游戏。他们商量了一下，决定派最厉害的呱呱和我一决高下。开局时，我十分顺利，连退好几步，呱呱的腿迈得越来越远。旁边呱呱的"粉丝团"开始着急起来："不公平不公平，孙老师的脚大，这样呱呱很快就要站不住了！"说时迟那时快，话音未落,我就输给了呱呱!孩子们在旁边哄堂大笑。下一轮我又赢了,局势扭转,呱呱的"粉丝团"又开始着急起来。旁观的小朋友们,有为呱呱欢呼的,也有安慰我的,还有提出想和我比赛的……大家都被这场比赛逗得前仰后合。

与孩子们玩在一起是一件无比快乐的事情,具有亲近儿童能力的老师,能够在每一次的游戏中和孩子玩在一起。无论是多简单的游戏,只要是孩子喜爱的、自发生成的,我们都可以作为"加一"的角色参与其中。

(三)从陌生变成超默契

儿童研究中心里的老师们,在每一轮的主题活动中总会接触到不同的孩子,这为老师们与陌生孩子快速"熟悉"提供了契机。面对不同孩子的陌生面孔,面对不同对象发出的"合作"邀请时,从陌生变成默契,对于老师们来说是至关重要的。

1. "主动"非常重要

回想起每年9月,小班刚入园时的场景,大部分的孩子遇到老师时,总会畏手畏脚地缩在爸爸妈妈的怀里,因为他们还不具备适应新环境的能力,还不能很好地接受"陌生人"的亲近。但若在此时,蹲下身、弯下腰,这份温柔的靠近能很快拉近我们和孩子间的距离。

【案例5-10】 老师交到的新朋友

夏夏是我在儿童研究中心认识的新朋友,但是她比较内向,不太爱说话。我常常会在早上站岗的时候主动和她打招呼,但是她也只是偶尔会在妈妈陪着的时候轻声回应我。每次在儿童研究中心,她也总是默默地听着,很少主动表现,于是我主动靠近她,认可她的表现,渐渐地她对我说的话开始变多。早上她会主动和我问好,上课时会坐在我边上,更会在一些她特别感兴趣的环节悄悄地举起小手。

每次路过夏夏班级时,我总会进去和她打声招呼。日复一日,夏夏和我的关系变得越来越近。

对于研究中心的老师而言,孩子会定期流动,所以了解、走近一个孩子其实特别需要主动地沟通与交流。在一次次的互动中,慢慢积累情感,让孩子感受到你眼中能看见他,并且对他有一定的亲近需求。爱,能感化一个人,也能拉近一个人。我们的行为,就是最好的示范。

2. "默契"需要积累

认识、了解、走近一个孩子,是需要通过一天天、一点点、一滴滴的积累换来的。"日久生情"这个词或许也适用于老师和孩子身上。有了每天的积累,老师更懂孩子,而孩子也更懂老师。

【案例5-11】 默默学习的女孩

> 果果是一个非常细心的女孩,安静且温和。每次在小朋友们进行自主游戏的时候,她总会静静地待在我旁边看我做"手工活"。有一天,我在修补班级一处破损的环境,一手拿着胶枪,一手扶着墙面,眼见着墙另一边的东西快要掉下来了,一旁的果果眼疾手快,向前一步扶住了它。"果果,你知道透明胶在哪吗?"她点点头,跑到我的办公桌边上去拿。"孙老师现在两只手都腾不开,你可以试试吗?"她又点了点头。我本以为她只是简单粘住就好,没想到她开始学起我的样来,把胶带的一头先粘到桌子边,再剪成了一段一段。我有些惊讶地问道:"你怎么想到要将胶带先剪成一段段的?"她笑笑说:"以前我看见你这样做过,很快就粘好了。"我和果果一人扶着,一人粘贴,配合默契,很快就完成了这块墙面的修补。

孩子也能成为与老师配合默契的好搭档,这都需要经过时间的积累。达成默契的师生,能在彼此一个眼神中就明白了对方的用意和想法。

三、安静地等待

我们常常和孩子说:"要学会等待。"喝水要等待,如厕要等待,吃饭

也要等待。在幼儿园这个他们第一次接触的群体环境里,所有事情都变得和家里不同了。没有"万事优先"的特权,也没有"仅此一份"的唯一,孩子们不断调整自己的状态,学着适应规则。

那么在孩子学习等待的同时,老师又是否也学会了等待呢?

(一)真的需要我吗?

"曾有无数个时刻,我也会想伸手帮助孩子去完成。我担心他们做不到、做不好,总觉得我搭把手,可能效率会更高一些,事情也会做得更完美一些。"老师追求着事情完成的效率性以及完美度,但是却忽视了那些困难时刻是否真的需要老师去参与。

1. 等等,再看一看

一个问题的产生,就会伴随着无数的回应。孩子的回应、老师的回应各不相同。无论是孩子自主探究过程中遇到的问题,还是在合作时遇到的难题,老师通常会用直接介入的方式去解决。"我帮你把它放好了。""我觉得可以了。"过多的建议性言语与行为,在一定程度上限制了孩子们的行动。

【案例5-12】 榜样的力量

今天是乐乐上幼儿园的第二周。他是一个比较内向的孩子,在我和他互动时,他也常常只用一个眼神回应我。到了吃午餐的时间,乐乐对着餐盘里的虾看了很久,先拿起了勺子开始吃饭。我虽然看见了,但并没有走过去询问,过了一会,我走过去看,发现他别的菜基本已经吃光,但是虾还留着。这时候我夸奖了一位已经吃完的小朋友,说:"哇,今天天天吃得很干净啊,虾也剥得很好,看来小朋友们是可以自己做到的。"乐乐转过头听了一会,又扭头看看自己的虾。这次他尝试拿了起来,只见他转了转虾头,然后用力一拔,虾头和身子剥离开了,他咯咯咯笑了起来,接着尝试剥身子,他张开嘴用牙齿一点一点将外面的壳咬了下来。

案例中的老师并没有在孩子遇到问题时就第一时间介入,而是通过榜样的作用给予孩子积极的暗示。有了足够的信心,坚持耐心地等待,我们就会收获孩子更多的惊喜。

2. 等等,有小伙伴

小年龄段的孩子有时难以独立解决问题。尤其在成人"包办"的环境中,孩子更难有机会自主尝试、体会成功。混龄背景为每个孩子提供了良好的独立探索、同伴互学的机会,比如孩子们能够开着小火车为彼此穿上倒背衣、有揉面经验的小不点也能一展身手、小孩子也会拿出一张纸巾帮旁边因失败而气馁的哥哥姐姐擦眼泪……

(二)自己创造的惊喜

在生活中,我们有时会发现,孩子就像魔术师一般,时时刻刻给我们制造惊喜的场面。当我们把这些小事件记录下来、累积起来后,不得不承认,有时候我们"小看"了他们。

1. 没事,你肯定可以

当孩子遇到困难时,可能会放弃,可能会犹豫。老师的一句肯定、一分等待,会给孩子直面困难的勇气,让他们勇于接受挑战、攻破难题。

【案例5-13】　姚明到底有多高?

今天我们想跟姚明比一比身高。比身高要有一定的参照物,我告诉小朋友们:"姚明的身高是两个包包小朋友的身高。"两个包包要怎么量呢? 孩子们向我投来求助的目光。"看看身边的材料,你们可以的。"我提议道。"我们可以用泡沫积木搭起来。"凡凡出了一个好主意,并且让包包趴在泡沫积木上,就这样确定了包包的高度。接着凡凡又一块一块地数积木,我问道:"凡凡,你在数什么呢?""一个包包的身高是8块积木,要测量两个包包的身高,我再数8块积木就好了。"

测量好身高后,又出现了新的问题:积木太高,抬起来的时候总是断掉,这可怎么办呢? 用泡沫积木做成的身高量尺立不起来,总不能躺在地上比身高吧?"老师,我能不能站到桌子上去?"凡凡又开动起小脑筋。站到了桌子上的凡凡指挥小组成员帮忙递积木,自己往上叠加,成功地完成了"姚明"的身高测量。

在探究的过程中,孩子会遇到接踵而来的问题。老师的信任与肯定,让处在放弃边缘的孩子有了坚持的动力,适当地进行言语引导,也能很快打开孩子们的思路。

2. 哇,原来你可以

老师对于一个孩子的能力能够了解到什么程度? 每个孩子的成长速度不同,在时间的慢慢积累下,他们成长的力量超出我们的预期。他们像一座"宝藏山"一般,我们越往里探索,越能发现更多令人惊喜的"宝藏"。

【案例5-14】 敬业的工作人员

在以往的活动中,阿宝经常会跑来跑去,不知道该做些什么。但今天阿宝作为篮球裁判,给了我很大的惊喜。首先,每当有小朋友来体验的时候,他都能很认真地为大家介绍比赛规则:应该站在哪里投篮? 如何才能得分? 然后当小朋友们体验结束后,他一个人默默地

图5-4 游戏后阿宝在整理现场

将满地的纸球快速地收回筐子里。但在工作期间,阿宝也遇到了一些问题,他跟我说:"为什么一开始都没有人来我这里体验?我一个人感到好孤独。"于是我问阿宝:"如果没有人来体验,你可以做些什么呢?我们能不能去招揽顾客?"于是阿宝大胆地邀请了来参观的老师体验篮球。

每个孩子都有自己擅长的一面,有些是外显的,一眼就能捕捉到,而有些却是内隐的,需要老师时刻保持"新"的眼光去发现。当我们无意中发现孩子内隐的一面时,不禁会感叹:"哇,原来你可以。"

四、有效地回应

老师每天都在和孩子们互动,无论使用何种形式,都是希望能够与孩子时刻同频,了解他们在想什么。对于老师而言,有效的回应原则应该是只说必要的话,如果会影响孩子那就不说。优质的互动是缩短师幼距离的有效途径,把握好互动的方式和节奏是提高互动质量的关键。

(一)回应不只有"说"

幼儿园的孩子正处于表达欲望的高峰期,他们每天会有说不完的话,希望有人作为倾听者,更希望有人来回应他们。当然,也存在一些不爱表达的孩子,这时老师给予回应便成为一件有些困难的事情。那么除了说以外,老师还可以用什么方式进行回应呢?

1. 开放模式的身体

与他人交流信息时,肢体语言的影响最大,占55%,语调占38%,文字仅占全部信息的7%。身体的很多器官都是我们能够用于回应的工具,它们帮助我们发射出一种无声的"信号"。例如,当孩子向老师求助时,老师若俯下身和他保持相同高度,便能使孩子感受到平等和温暖。

图5-5　不适宜的身体姿势示意图

背手、抱胸、用手指着孩子说话，这些带着非常"强势"意味的动作会让老师与孩子之间的距离越来越远，并且让孩子感觉老师是"高傲"的、"居高临下"的、"控制欲强"的，这种"强势"的动作不利于推进师生关系，塑造孩子心中的教师形象。

2. 专注投入的神情

眼睛是心灵的窗户，眼神、目光中往往能够透露出很多情绪与情感。当孩子希望与老师互动时，老师需要给予的就是专注；当老师把眼神专注地聚焦于孩子时，孩子也能够在第一时间感受到自己是被关注的。此外，老师的表情也是非常有趣的信号。表情是内心情感的外显，老师可以通过变化的表情，表达自己对孩子的鼓励、肯定、赞赏等。

(二)回应是双方的事

每一个人都希望在与人交谈时得到对方的回答，如果始终是单方面地输出，输出的人也会感到疲惫和无助。老师和孩子的交往亦是如此，如果需要建立高效的互动关系，双方的回应显得格外重要。

1. 启发式地回应

有一种回应方式,如同踢球一般你来我往、你问我答。这样的启发式互动,可以让沟通更有深度。

哈哈说:"老师,我今天不知道再做一把什么扇子?"

老师说:"昨天你做了数字扇,今天可以把数字变成一些神奇的东西吗?例如把3变成桥洞。"

哈哈说:"可以变成一朵花瓣!"

老师又问:"对,那0可以变成什么?1可以变成什么呢?"哈哈开始思考起来……

2. 有水平的表述

对话是最直接的互动形式,老师的每一次提问、评价都是对孩子的回应,把握好回应的措辞,把简短的语言说得有水平,考验的是老师的评价能力。

"你们是怎么看出来这个是曲院风荷的扇子的?"

"因为上面有很多荷叶,而且曲院风荷刚好也有很多。"

"上面有很多荷叶,还有红红的荷花,所以一看就知道哦,这个地方肯定是曲院风荷,所以你画的人家一看就明白了。"

老师用启发性的问题引导孩子们观察与思考,让孩子将以往学过的有关杭州的经验与今天的作品结合在一起。同时,在孩子回答后,老师进行了一次重复反馈,强化了这个结果,同时给予孩子作品正向的肯定与鼓励。在短短的对话中,却能显露出教师有效回应的智慧。

(三)回应的终结权力留给孩子

在互相回应的彼此互动中,老师和孩子在不断地创建良好的师生关系。他们通过沟通慢慢了解彼此、走近彼此,从而织起一张属于他们的"情感网"。无论是何种方式的互动,老师都应逐渐把交接"最后一棒"的权利留给孩子。

第二节　亲密　维持探究氛围的关系建设

你眼中的亲密关系是怎样的?

是冬日里的拥抱,是闲暇时与闺蜜的一场购物,还是暖阳中背靠背晒太阳……

在幼儿园,我们的亲密关系又是怎样的?

 一、平等

亲密的最重要基础就是人与人关系的平等。平等能让孩子感受到自己"受尊重";平等能让孩子感受到环境"会包容";平等更能让孩子感受到这个世界的美好。当他们在这样的环境下成长时,即使离开也终会用这份美好去对待他们的"小世界"。

(一)我们一样高

早晨,我张开双手与孩子们击掌,忽然,孩子们用手在自己和我的头之间比画着,惊奇地说:"老师和我一样高!"我问孩子们:"你们喜欢老师比你们高还是和你们一样高?""当然是一样高了! 因为这样我能够跟老师说小秘密。"原来,孩子的心是多少渴望亲密和亲近,只要你蹲下来,就能满足他们心中"我们一样高"的心愿。告别居高临下,告别挺直的腰板,弯下腰,蹲下来,你会发现,在每个孩子的眼中,你是最美的!

(二)看见每一个

每一个孩子都是一粒独特的种子,有自己的生长规律。好的教育不是千篇一律的,而是会根据不同孩子的样子,实施个性化的成长教育。

这就要求老师能看见每一个孩子,不仅关注他们外显的行为,更要洞察他们的内心世界。我们希望每个孩子走出幼儿园,都是独一无二的存在,他们心底磊落,眼里有光。

(三)你行我也行

在构建了和孩子之间平等的基础后,渐渐地,孩子们在潜移默化中能够感受到自己其实和老师也是相同的人,我们会伤心流泪;我们会因为自豪而鼓掌;我们也会因为失败而害怕去尝试……老师是多面的,孩子也是。当孩子发现自己与老师之间的平等地位时,自己的自信心也会有大幅度提升。老师就是孩子最好的榜样,老师行,我也行。

二、信赖

"我相信你一定可以!"幼儿园的大小角落都能听到老师们的鼓励和肯定。

孩子们在这一次次的肯定中找回了自己的信心,在这样的彼此信赖中,他们慢慢构建起了自信,相信自己,也愿意相信同伴。

这样一种美好的信赖关系,促使孩子更愿意去倾听,也更愿意去表达。

慢慢地,老师和孩子之间的关系变得越亲近,渐渐形成了一种互相信赖的状态,并且在信赖的状态中彼此的关系更上一层楼。

(一)人多力量大

在一间大大的屋子,每个人拿着一块小抹布,就能把屋里的卫生搞得干干净净。一份巨大的自助餐,一人分一份,我们就能把它吃掉;一只蚂蚁什么都搬不动,一群蚂蚁却可以抬起一块面包。"地下王国"研究中心的孩子们经常惊叹于这个现象,总在思考为什么小小的蚂蚁能够扛起比自己身体大几十倍的东西。原来,这就是老师说的"人多力量大"。老师的力量很强大,可以完成很多事情,但老师加上孩子,那就是无所不能了。

(二)放心交给你

"帮我送个快递好吗?"

"弟弟妹妹今天就交给你啦,你带着他们一起出发寻宝吧。"

放心交给孩子,是信任,是肯定,是期望。孩子能够做到的事情,老师放手去让他们做,给他们创造勇敢挑战的机会,有助于孩子自信心的建立。对于孩子做不到的事,老师也可以适当放手,暗中观察,予以支持,有了第一次尝试,才会有更多次的尝试。

(三)交换小秘密

如果说信赖是亲密关系中的一个上升的小台阶,那么分享就是信赖关系中的一个关键要素。当孩子和老师之间出现互相的分享欲时,他们的世界就会"忙"得停不下来!

"我上次看见你的皮筋了,是在哪个店里买的?"

"我昨天做了一个梦,梦里你在吃蛋糕,满嘴都是奶油,哈哈……"

"我今天画画课,画的就是我的老师,我画的是你,想给你看!"

多么温馨又快乐的一幕幕啊!愿意交换小秘密,是认可你是我的朋友,是相信你会保守秘密。我的生活与你有关,我希望你能了解、走近我的生活,因为我觉得你对我来说是个十分重要的人。

三、包容

人生是酸甜苦辣、五味俱全的。

生活可以充满正能量,但也难以避免经历苦闷和失落。

今天或许我们会因为自己的小小失误而感到自责,也会因为暂时看不见进步而感到焦虑,正视每一种情绪的存在,我们该做的是包容每一种情绪下的自己。

无论是谁总会有"失误"时刻,孩子是,老师亦是。孩子对这个世界好奇,有无穷无尽的探索欲,他们会去尝试各种自己想了解的东西,也会用自己的个性去展现他们的独一无二才能。作为老师,应该常怀一颗"包容"之心去看待他们每一种行为背后的价值。让孩子大胆地去做他们能做的、感兴趣的、想做的事。

(一)犯错没关系

"老师,他把牛奶洒啦!"

"小朋友们,老师刚刚忘记准备彩纸了。"

人非圣贤,孰能无过。即便是成人,也总会遇到因粗心而犯下的错,更何况是孩子。要允许错误的发生,犯错没关系,只要懂得改正和补过。无论是老师还是孩子,我们都应该给彼此一个犯错的空间,让彼此更好地成长。

(二)接纳每一种

平等关系中我们提到了"看见每一个",但仅仅只有看见也还远远不够。当我们看见后,要学着接纳。生活中我们很容易接纳每一个"积极"的他们,对于那些或许是无理取闹的、又可能是不爱沟通的、具有攻击性行为的孩子,我们也会逃避。可是每一个孩子都希望得到老师的关注与认可。我们可以尝试换一个角度发现,接纳每一个当下,允许存在每一种结果。

(三)老师也不懂

很多时候我们会因孩子的一个问题而束手无策,大胆承认"老师也不懂",老师不是超人,每个老师自身的学习程度、兴趣、经历都大不相同,所以当涉及自己的知识盲区时,能力就显得非常有限。面对这种情况,我们要做的是和孩子一起去了解,去探索,弥补自己的知识漏洞,通过不断学习,与孩子一起进步。相信在这个过程中,孩子会接受不完美的老师,更会学着做共同进步的人。

四、欣赏

当师幼关系能够建立在平等、信赖、包容的基础上后,最后最主要的一步就是"彼此欣赏"。每个人都是不完美的,但每个人却又是"美"的,再调皮的孩子也有自己的长处,再内向的孩子也能在某一领域闪闪发光。老师需要用欣赏的眼光去看待孩子,让孩子感受到自己也是一个"被认可""有价值"的人。

"桌子上画了蜡笔,但是我看得出你现在涂颜色比以前认真了很多哦!"

"虽然你刚刚跑得快撞到了他,但是我知道你是想去给他一个大大的拥抱。"

"即使他会耍小脾气,但是他画画真的很好看。"

"即使老师要求很严格,但是她讲的故事真的很精彩!"

给予孩子一定的肯定与欣赏,让他们也慢慢变成一个懂得欣赏别人的人,变成一个懂得在别人犯错时去包容的人,变成一个宽容的、对这个世界充满爱的人。

(一)我要向你学习

人与生俱来总会带着一些简单的个性色彩。无论是能力上的变化、品质方面的体现或是技巧上的展示,我们都能在幼儿园这个群体生活中看见一个又一个的闪光点。

"老师"只是一个称呼,并不代表地位。孩子需要向老师请教、学习,而孩子身上的好奇、勇敢、善良,也是永远值得老师学习。

(二)发现不同的你

人有千面,孩子的每一面都值得被发现。在不同的情境中感受、发现、评价孩子,关注孩子的每一次行为、倾听孩子的每一次表达,就会发现孩子身上不同的那一面。孩子有些潜力和能力不是一朝一夕就会显现的,他们需要被发现、被挖掘,所以老师要用全面的、信赖的眼光看每一个孩子,不要让孩子被忽略,也不要让孩子丧失了被激发的潜能。

(三)我想要成为你

孩子总能惊叹于老师特殊的"超能力"。我们常常能听见孩子们说:"长大了我也要做老师!"那一刻,仿佛有什么在心底喷涌,那是幸福,那是自豪。让孩子们在欣赏自己、欣赏同伴的同时也学会欣赏老师。

第三节 角色 塑造教师多面立体形象

童年是一段奇妙的探险,老师同样也在这部探险影片中担任重要角色。当老师在每一位孩子的童年影片中进行"表演"时,每一个"表演"细节都至关重要。

 ## 一、有活力的教师

一个优秀的"角色"一定是以外在形象作为基础,给观众留下深刻的印象。那么在出演这场"童年大戏"时,老师又是以怎样的形象存在的呢?应该具备哪些能力?

(一)自由的思维

儿童研究中心的"角色"是变换的、灵活的,因为这里有自由大胆创新的老师与孩子们,这里每一大都在发生着各种变化。研究中心的老师能很好地从"执行者"或"旁观者"的角色中脱离出来,从不同的角度去分析,形成更开放合理的教育场景。只有老师的观念发生转变,对于如何与孩子展开互动、组织教学、理解他们的需求,才会有更深刻的认识和思考。

1. 自由选择

在老师们被赋予了各类自主选择的权力后,如何利用好权力则尤为重要。在幼儿园的生活学习中,充满着各种行使权力的机会。当老师在面临新的选择时,就可以通过许多方式来体现他们的思考力,如什么是值得做的、什么是可以暂时摒弃的。在确定研究主题时,老师可以根据

孩子在日常生活中的兴趣点、困难点进行整理和反馈,讨论归纳出近期最值得学习与探究的一系列内容。老师们和孩子根据自己的兴趣与特长,选择自己倾心的研究中心。

2. 自由探索

走出幼儿园,走向世界。世界有着各种各样新奇好玩的事物,老师能够跟随孩子探索丰富的内容,离开板凳,改变方式,教育不再是课堂中的单向输出,而是窗户外的师幼共建,老师们会选择适合孩子探索的方式,如体验、创作、展示、观察等。丰富的内容资源、多样的探究形式,让儿童研究中心的教与学焕发出更多活力。

3. 自由畅想

100个孩子有100种样子,100种样子之下就有孩子们的100种所求,所以教育需要想象力、创造力。老师只有发挥想象,打破成人固定的思维束缚,才能走近孩子,理解他的需求,找到他们愿意接纳的方式。所以自由的畅想并不是盲目"创新"。老师只有找到每一个孩子个性发展规律和支持策略之间的平衡点,才能成为孩子们愿意同行的智者。

(二)合作的意识

朝夕相处的同伴是老师们灵感的来源。无论是搭班老师,还是研究中心的影子老师,抑或是幼儿园的每个工作人员,他们每个人都是"宝藏"。每一个"惊喜"都蕴藏着力量,当每一个人的力量通过合作汇聚在一起时,我们就拿到了打开世界之门的一串钥匙。

1. 做好影子同伴

儿童研究中心里的老师们都有自己的影子同伴。所谓影子同伴,就是以"旁观者"的方式参与到活动现场,观察老师是否关注到其他孩子的行为表现,他也是"第二双眼睛",与研究中心老师一起从更广的角度经历孩子们完整的活动过程,给予最适合的意见。

【案例5-15】 "影子"的互补合作

近期"地下有什么?"的探究活动开始了。Q老师是"石头记"研究中心的老师,H老师则是她的影子同伴。这天,Q老师带着孩子们

186

在小区寻找石头，当孩子们提出小区里没有他们想要的石头时，Q老师便打算放弃当天开展的寻石活动。这时H老师提出："刚刚一群孩子在鹅卵石路上有一些有意思的探究，摸摸、看看、踩踩、数数，我觉得虽然那些石头不能带回研究中心，但它可以成为很好的观摩资源。"

正因为H老师及时看到了Q老师错过的机会，才能给Q老师提出具体的活动建议。这次互补有效的合作经历，促使H老师站在旁观者的视角，捕捉、分析孩子的学习兴趣，也进一步理解环境对研究中心学习的重要性。

2. 三人行必有我师

《论语》说："三人行，必有我师焉。择其善者而从之，其不善者而改之。"无论是新入职的教师，还是从业三四十年的老教师，身上都有值得彼此学习的闪光点，看到并尝试互相接纳，成为老师提升自己认知水平的有效途径。

【案例5-16】 取长补短

C老师是刚入职的新教师，每天研究中心活动结束后，他都会花费大量的时间去梳理、呈现孩子的表征。已有着丰富教学经验的S老师是C老师的搭班，他发现C老师的困惑之后，两人共同讨论采用思维导图的方法，在研究中心活动过程中快速收集孩子的活动表征。此后，C老师在S老师的助力下，形成了一套思维导图。

从案例中不难发现，对于新入职的教师而言，最大的挑战就是难以预设适合孩子操作探究的活动材料和适合孩子表征的不同形式。而老教师具备高效整合的工作能力，能提供具体有效的教学策略。同时新教师身上善于学习、灵活创新的能力为身边的老师带来了其它新的创意。

(三)跨界的勇气

学习如逆水行舟，不进则退。在知识爆炸和新媒体迅速发展的当

第五章 携手 师幼同行下的美好场景

下,孩子获得知识的途径越来越多元。如果老师不及时更新知识,仅靠"吃老本"是难以胜任教书育人这一神圣职责的。除了不断加强专业领域的学习外,该如何时刻把握学习的机会呢?

1. 转变"教师身份"

身为老师,学无止境。专业领域是老师的主阵地,但除了专业的学习之外,老师更应该大胆尝试跨界学习。今天,我和孩子们在一起学砌墙,那我就是一名专业的装修工人,我可以去了解不同水泥的配比方法。明天,我和孩子们在自然角种地,我就是一位有经验的农民,我可以挽起裤脚和孩子一起走进泥地。当教师在教学中暂时摒弃自己的固有身份时,其实会发现自己能做到很多意想不到的事情。

2. 成为"哆啦A梦"

"老师,我这个玩具坏了,昨天我爸爸都修不好,你会吗?""哇,老师你好厉害,怎么能用杯子做出电话机的? 为什么这个能把声音传过去呢?"在孩子眼中,老师常常是无所不能的"哆啦A梦",他们手巧、心细,能完成和创造出很多令孩子吃惊与崇拜的东西。也正是因为老师们改变了自己原有的刻板形象,掌握了解各种专业以外的知识,才让自己变得如此"全能",能够愿意把自己的所学运用到工作中去,拓宽自己的视野。让孩子的生活以及课程的建设都能变得更加有趣生动、富有童趣。眼中有"学"的老师,时时刻刻都能成为孩子们心中的榜样。

(四)追随的能力

儿童天生是自信且充满想象与创造力的,他们身上往往拥有成人并不具备的品质。不难发现,当我们用心追随、驻足倾听时,我们能够惊喜地发现每一个孩子充满着力量,他们的不畏艰难、充满好奇、大胆创新……

1. 儿童原来是这样

"我们每天和孩子朝夕相处,他们就是我们的第二家人。"老师每天都能从孩子身上感受到各种属于他们的"天赋"。教师若能够保存一颗好奇心,就会发现原来孩子的世界是那么有趣。

【案例5-17】 橙子味的脚丫

"夏生馆"研究中心近期的活动是:在孩子们了解各类植物特性的基础上,开始一起尝试制作泡脚包。前一天,老师请孩子们带来适合制作泡脚包的材料。孩子们收集了各种各样的材料,包括香香的橙皮。两个孩子在合作剪橙皮的时候互相讨论起来。"我的橙子皮好香啊!""我的也是!"孩子们一边剪着一边感叹着。"我的手都是香香的了!你闻!""那这个泡出来的脚会不会也是香香的呢?""是橙子味的脚丫子吗?哈哈!"老师连忙参与了讨论:"有可能哦,我们做好泡脚包,一起来泡个脚试试看!"

孩子的世界永远充满着童趣,他们会在活动中形成很多有趣的对话,有些对话的形成,藏着孩子们的无尽想象。老师立足于儿童视角,就能够融入他们的对话之中,与他们一起保持一颗好奇心。

2. 儿童居然能这样

孩子在园的大部分时间都在"游戏""运动""学习"中度过。一日作息内容最真实反映孩子学习生活场景,老师对他们的生活进行观察、分析。

【案例5-18】 厕所那些事儿

一位女孩跑过来和我说:"老师!老师!他们男孩子偷看女生上厕所!"老师悄悄靠近那个男孩子询问原因。"我只是想知道他们为什么只能蹲着上厕所?""可是女孩子上厕所,男孩子是不能偷看的!"大班的女孩子严肃回答道。"对的,对的!"旁边小班的孩子也点点头跟着说。"那么女孩子们,我们可以用什么方法来保护自己呢?男孩子们,我们除了用偷看的方式,可以有别的方法知道答案吗?"我与孩子们激烈地讨论起来……

小小的生活细节往往隐藏着生活的门道,老师们带着思考去处理孩子间的矛盾,就是通过平等对话帮助孩子解决问题。

3. 儿童可能想这样

匪夷所思的行为、令人纳闷的话语、与众不同的想法、意料之外的创造……都需要老师更多的包容和理解,在换位思考中,在自主的环境下,才能培养出自由的孩子。

【案例5-19】 我的小心思

> 最近,一一总是很早来到幼儿园,却迟迟不肯上楼去教室。老师发现,他每次看到认识的伙伴时都会叫一声,可能这就是他早来幼儿园的原因吧。
>
> 这一天,一一在研究中心剥了40分钟的莲子,一会儿用手剥,一会用剪刀剥,一会泡着水剥,一会儿……我想他是在用多种方式观察莲子吧。

当老师拥有一双愿意关注孩子的双眼、一对愿意倾听孩子的耳朵,才能真正理解孩子的内心世界。所谓的孩子"反常"不过是老师的草率评价。

二、有温度的教师

老师的学习与成长是一个不断进阶的过程,仅仅成为一个会思考、爱学习的老师还不够,我们还是有温度的老师。幼儿园是孩子步入社会、融入集体生活的第一站,也是他们人生当中的第一个转折点,老师是这一站主要的引领者。为孩子营造温暖的社交氛围对孩子的成长极为重要。

(一)我能和每个人打招呼

从幼儿园门口传来欢快的脚步声,原来是孩子们陆续入园了,甜甜的微笑挂在他们的脸上,想必他们一定非常喜欢自己的幼儿园。孩子们在幼儿园一天的生活,就从入园的这一刻开始……

1. 背景

无论是刚上小班的弟弟妹妹,还是幼儿园里的"老大"们,在老师眼中,他们都是最亲切的伙伴。早晨的第一声问候,无疑是最温暖也是最亲切的。每一声问候都能让孩子感受到自己被看见、被关注、被了解。一句面带微笑的"早上好",将温暖和力量传递给孩子,开启孩子美好的一天。

击掌,是两个人的互动,是欢迎,是赞赏。当稚嫩的小脸庞出现在老师的视线里时,当老师们蹲下身、弯下腰、伸出双手时,在大手与小手碰撞的那一刻,孩子的心底就会涌起一股爱的力量。

2. 彩蛋

"孙老师的手总是热热的!"

"哈哈哈,老师你的手心怎么还会怕痒呀!"

"老师,你的手受伤了吗?"

"我的手上今天沾了香香的味道,肯定是孙老师的护手霜!"

(二)我想和你一起与大家交朋友

我们的生活忙忙碌碌、熙来攘往,身边出现的人都有可能成为自己的朋友。来到幼儿园,孩子们有了更广的朋友圈,班内班外、园内园外,同龄的小伙伴、不同年龄的哥哥姐姐弟弟妹妹,还有老师、保安、医生、大厨,大家一起来交朋友。

1. 背景

混龄生活下的孩子相比其他孩子更早地接触到与自己不同年龄的同伴,这不仅仅扩展了孩子的社交圈,同时也让孩子能够发现年龄差异带来的不同交往感觉。在丰富的社交圈,孩子、老师的交友突破了身份的束缚,整个幼儿园的所有人都融合在一起,成为一个"大家庭"。

早上入园后,孩子们能够在门口自由选择想要去的运动场地。于是,每天的相遇仿佛"拆盲盒",谁也无法预料今天自己会遇见谁,是志同道合的老朋友,还是未曾谋面的新朋友。九点四十分播放的音乐提醒孩子们儿童研究中心活动的时间到了,有一群不一样的小伙伴在等着碰头,准备讨论前一天活动留下的各种问题。

2. 彩蛋

"保安叔叔,我跟你说个秘密,昨天我去商场玩,看到了和你一样厉害的人……"

"我认识他,他是童二班的弟弟,我去帮你把衣服还给他吧。"

"我有个好朋友,我忘记她叫什么了,明天早上我们说好了一起去三楼玩滑滑梯。"

(三)我喜欢带着你们一起玩

老师是童心未泯的大朋友,如果恰巧遇到一群兴趣相投的小伙伴,那结伴玩耍就更加快乐。

1. 背景

老师们根据自己的特长或爱好认领不同的儿童研究中心,家长与孩子共同商议自己感兴趣的儿童研究中心活动。因为喜欢,所以无论是大朋友还是小朋友,大家都无比珍惜每一次相遇,全情投入每一次活动。氛围更加浓厚,探究更加深入,成果也更加多元。

2. 彩蛋

"老师,你是不是也害怕啊? 我们也有点害怕。"

"走吧,我们一起去体验打乒乓球,给你们展示一下老师的水平。"
"哇,好厉害,老师我也要来,你教教我。"

"老师,我会玩这个风筝,我家里有的,这个要这样用,我在前面跑,你在后面帮我扶着哦。"

(四)我希望知道你的重要"时刻"

分享是人际交往中很关键的一个组成部分,也是和同伴共情的重要通道。当老师成为孩子们的伙伴后,倾听孩子的愿望更加强了,在每个重要的时刻,记录下与孩子在一起的点点滴滴。

1. 背景

在一段健康的关系中,双方都需要有付出与接纳。当教师把自己看作孩子的伙伴,进入孩子的角色时,就更容易走近孩子,与孩子共情。每天我们都会有很多小话题分享时光:入园后,分享昨夜的梦境;午睡前,哭诉想妈妈的心情;离园时,留下到家里一起玩的邀约……

2. 彩蛋

"老师,今天在儿童研究中心我们去挖了石头!"

"老师,我有点想妈妈了,妈妈什么时候来接我?"

"宝贝,妈妈说今天是你的生日,生日快乐,晚上会吃蛋糕吗?"

"老师,昨天我的门牙掉了,你看!"

"真的哎,怎么掉的?"

"我在啃苹果,结果牙就留在苹果上了,实在太搞笑了。"

(五)我愿意倾听你的小秘密

每个孩子都会有自己的小秘密和小情绪,有些事有些话藏在心底,也许不想说,也许不好意思说,也许只是想要保持一些神秘感。老师能做的是保守他们的小秘密,包容他们的小情绪,愿意倾听每一个孩子的悄悄话。

1. 背景

悄悄话或许是难以启齿的,又或许是私密的,它可以帮助老师更了解每个孩子所想的,了解他们的个性,关注他们的动态。

幼儿园每日总有一些零星时间点帮助老师去和孩子沟通,比如区域游戏的分享、户外游戏的休息片刻,只要孩子在你身边,每一刻都是"悄悄话"的分享时光。孩子可以贴在你身边,你可以和孩子休息时一起悄悄地"咬耳朵",声音小到只有你们俩才能听清。做好彼此的"守密者",把我们的小秘密都藏在心里,让老师和孩子成为跨越年龄的知己好友。

2. 彩蛋

"老师,我真的睡不着……"

"老师,我虽然大班了,可是我也会很想妈妈。"

"老师,我觉得你不戴眼镜特别好看!"

"老师,我有妹妹了,妈妈生了小宝宝,我见过她。"

(六)我可以和你一起完成计划

期待是最好的动力,期待能够让人勇敢,让人付诸行动,对于孩子也是一样。而让孩子抱有期待地离开幼儿园,也能让老师们内心充满成就感。

1. 背景

每天的"离园前十分钟"是孩子的兴奋时刻。他们期待与父母相见，几小时的分离让他们变得依赖满满。当幼儿园好玩的事情变成孩子的期待时，他们会开始期盼着第二天的到来。老师们会在孩子们离园前十分钟，聚集一起坐下来进行讨论。

"今天我印象最深刻的事是……"

"今天我没完成的事是……"

"明天我想……"

"明天我还要……"

和孩子商量制定好明天想做的事情，让孩子觉得自己明天是带着"使命"来上学的，完成计划，让每一天都充满意义。

2. 彩蛋

"我们今天要拔萝卜，做酱萝卜啦！"

"老师，我想到童一班去找一下天天，约一下放学一起去小区玩！"

"老师，我今天在儿童研究中心制作了开放周抽奖的小礼物，不过我只制作了两个，明天我还要继续做。"

"宝贝们，明天就是我们的收集节了，别忘了带来你和爸爸妈妈一起收集的物品哦。"

(七)我们期待每一次分别后的重聚

一周七天，在幼儿园的时间就有 5 天。幼儿园就是孩子的第二个"家"。一起陪伴，一起游戏，一起发现这个新奇好玩的世界。

我们很想一直和孩子们待在一起。可是，我们终究会离别。

1. 背景

一场有意义的短暂离别，对于仪式感满满的孩子来说，似乎是很正常。老师放学时与大家一一挥手告别，是对每一个孩子的尊重。每一个孩子都希望自己被看见。在老师心里每个孩子都是和家人一样重要的存在。每次分开时我们都要好好告别。

"×××，再见。明天记得早点来，我等你哦。"

"×××，再见。今天带回去没完成的作品记得明天带来给我看看哦,我很想看看你的作品。"

"×××,再见。今天你答应我的小秘密,不要忘记啦。我们明天一起去找!"

一个离别时的小小约定,让我们的下一次见面变得格外具有"仪式感"。想着下次还能见你时,我的心里就充满着暖暖的感觉。

2. 彩蛋

"老师,我先回去做早操咯!我明天还来这里。"

"老师,这里真的太好玩了,我下次还可以再来和你玩吗?"

"我希望和你一起玩,但是没有在一起也没关系。因为我们常常可以见面,我们还是好朋友。"

"老师,以后我小学放学就来看你,你记得在幼儿园门口等我哦。"

"宝贝,身体好些了吗?我们都很想你哦。"

 ## 三、有喜感的教师

如何定义好老师?似乎很难用一个标准答案来判定,但毋庸置疑的是,一个充满"喜感"的老师,肯定是受孩子欢迎的老师。这里的"喜感"并不只是好玩的、有趣的,而更多的是让人欣喜的、充满爱与温暖的老师。

(一)自带的幽默

我们因为孩子而在这个小小的幼儿园里相遇,我们都是孩子童年时期的同路人。老师们来自五湖四海,也都曾是性格各异的孩子,也都曾有不一样的童年,因为选择,我们相聚在一起。老师带着一颗童心,用幽默、乐观的心态去积极地培养孩子,让孩子被老师自带的幽默感染。

"我的手就是一把刀,我切到哪里,哪里的小朋友就能'分'成两半!"

"我刚刚也放了一个屁,还真的有点臭,小朋友们你们没事吧?"

自带幽默感的老师,无论在哪里都能成为孩子的开心果。

(二)细腻的共情

一个高情商的人,往往能在很多时候体察到身边人情绪的变化,从而给予适当的回应。而一位高情商的老师，首先需要做到的就是能够和孩子共情，他们和孩子能够站在同样的视角去解决问题、看待世界。

"我的妈妈已经不在身边了，去天上变成星星了，我也会像你一样想我的妈妈，我理解。"

"小鸭子离开世界的时候还睁着眼睛，一定是想再看看我们吧……"

细腻共情的老师，理解的是情绪，传递的是爱。

（三）长存的美好

眼界决定心态，而心态则能影响每个人的生活。孩子的生活丰富多彩，简单而纯粹。每个人都希望自己能像孩子一样，常怀一颗童心。虽然生活纷纷扰扰，但我们依旧快乐并美好着，并将这份美好传递给孩子们。

"虽然我们园区只有一棵樱树，但是这棵樱树开的花都好美哦！"

"下雨了，我们没法玩原来的游戏了，但是我们可以穿上雨鞋去踩水坑呀！"

眼中长存美好的老师，愿意去捕捉生活中的"小确幸"，和孩子一起被这个世界温柔以待。

第六章

飞跃 未来图景的初体验

有一天,当你回过头,正巧有一个孩子满脸笑意地冲你招手,迫不及待地想要和你分享他刚发现的"新大陆",而那时或许你们并不熟悉时;当你打开相册,看到一张张照片、一个个镜头,而你并不舍得删去时;当你看到一个孩子几经尝试仍不得其解,注视良久却还是不忍打扰时;当你不再苦恼于教不会孩子,而着迷于他们"我想我能"那股劲儿时;当你听见从身边擦肩而过的孩子打成一片时……或许你未曾察觉,但是鲜活的儿童、鲜活的老师、鲜活的幼儿园,正悄无声息地跨越"屏障",走近你、拥抱你、涌向你。是啊,未来已来! 多么幸运! 是你创造、亲历又见证了这一切。

第一节　淘孩子,已然释放出能量

蹲下身看到巨人,俯过身看作大人,低下头看见小孩。我们用不同眼光、角度去解读和走近他们,就看到了完整、立体且向上生长的孩子。

 ## 一、秀自己

在混龄背景下,每一个孩子都拥有着更宽广的学习与生活空间,沉浸于真实而复杂的社交圈,能够拥有更多元的探究资源。在这一更自主、包容的环境中,他们释放出能量,让我们抓住他们独特生长的瞬间,看到一种孩子与自我、孩子与他人更真实的世界。

(一)个性生长的我

儿童研究中心关注并支持每一个孩子,在这里,我们看得到孩子的个性生长。孩子用自我画像向内感应、向外延伸自己的独特世界,通过伙伴关系与身边的人建立动态交织的网,借助学习手账本记录、反思自己的困惑与发现。

1. "我是"映射墙边的自我对话

每年,每个孩子都会被邀请画下一幅代表自己的画像。他们以身边的事物为对象——一花一草、一石一沙……它们都能成为映射自我内心世界的对象。当渺小的我与偌大的世界以这种绘画的方式建立联系时,孩子们就获得了更贴切、生动、具体的意象来表达开阔的视野并认识自己。

每一次借助画像的自我表达,对孩子而言都是一次更深层次的向内

探索。从自己喜欢的样子到他们现在的样子，再到自己想成为的样子，孩子们用这些不断变化、逐渐形成的意象来认识和表达自己，用不同事物做对照，在走近万物的同时，他们也把自己变成一个小小世界，对自我的认识越来越深入与丰富。

"我家是动物园"是近期的绘画主题，大部分孩子在首次绘画时会因为"喜欢"而将自己比作某个事物，比如毛茸茸的小白兔，多彩鲜艳的蝴蝶。慢慢地，他们会关注自己的外在特点，比如他们会说"我是一只企鹅，走路时身体会一摇一摆""我是一只小鸡，和它一样飞不起来。"

一些在儿童研究中心生活和学习了一年、两年的孩子，带着"我是谁""我是什么样的"问题，拿起画笔画下心目中的自己时，他们会更认真

图6-1　自我画像

地思考"我"这个命题,比如"我和猫头鹰(博士)一样爱学习""我喜欢像金鱼一样游来游去""我是老虎,我们力气都很大"。

日复一日,年复一年。每一个孩子都能够越来越合理与客观地认识自己,越来越享受每一次与自己内心的对话。他们开始能够对将来的生活与学习做好合理的规划与评价,也能够对身边每个人建立不同角度、无谓好坏、逐渐完整的认知体系。比如"詹老师就是哆啦A梦,她的围裙里总能'变'出我们需要的东西。""我爸爸就是一只老虎和长颈鹿,是我们家里最高的人,而且力气也很大,生气的时候也超级可怕。"

2. "TATA"伙伴网中的破圈而遇

你、我、他、她、它——每一个孩子、每一位老师与家长、每一位在岗工作的叔叔与阿姨,都是儿童研究中心的一份子,身边一切美好、具有生活价值的事物都是孩子探究的宝贵资源。混龄背景下的交际环境因破除界限而让孩子们获得了能与每个人产生交集的机会。走出班级成为每个孩子的

图6-2　全园的陪伴

活动常态,孩子们享受每一次生活与学习场景的变化——因偶然相遇而相识、因志趣相投而结交。年龄与角色、班级与楼层、岗位与身份不再是定义的标签。

"幼儿园里来了一位新妹妹,她有着黄色的头发、非常大的眼睛和白白的皮肤,老师说她是混血儿。她很特别,所以大家心心念念想着她——她来自哪个班级,她叫什么名字,我们怎样可以找到她?"孩子就在伙伴墙自由寻找自己想结交的朋友,为"一面之缘"的期待找到答案。

"上幼儿园的第一天是一个姐姐拉着我找到教室的,我还想和昨天那个姐姐一起走。"孩子借伙伴墙表达自己的想法,让"初次相伴"的美好在此绽放。

"幼儿园的新朋友和老朋友都发现早晨上学时,有一个妹妹哭着找妈妈,老师说她是我们最小的妹妹,叫小面包,她在想妈妈。"来自不同班级的老师和孩子们在伙伴墙找到小面包,留下自己的关怀。

"小凯哥哥蹦跳可厉害了,我想请他教我,跟着他一起锻炼。"孩子们真诚地在伙伴网虚心"请教"。

图6-3　关系网

这是因百余名幼儿而结缘的"371口之家"。打破了围墙与隔阂，一百二十个孩子之间、小孩与大人之间就交织出千丝万缕的联系，这里弥漫着跨越班级的关心、维系着小孩子对大孩子的思念、见证了楼上与楼下的约定……这里是每个孩子的起点站与加油站，让他们在被关注的同时也传递着自己的能量，让他们敢于坦率诉说的同时也能真诚等待并欣然接受他人给予的热情帮助。

3. 在"旅行"护照本里规划复盘

"这是一块沙池中板结的沙石，要不是有一天一个孩子兴冲冲地跑来，向我提出他想要借走这块再普通不过的石块，我可能永远不会知道沙池里藏着一块特别大的'陨石'，也还没有察觉每个孩子发现事物的能力远远超过成人。"孩子有自己的洞察力，这是他们得天独厚的优势。他们用自己的方式打开并探索世界。护照本是孩子学习与生活的记事本与回忆录，也是他们的计划书与打卡单。

如今，孩子用它记录、规划与回顾，他们更积极地留意和抓住每一个自己好奇的瞬间。

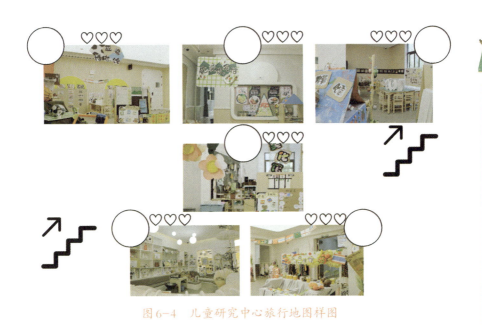

图6-4　儿童研究中心旅行地图样图

如今,做学习和探究计划不仅仅是年长孩子的绝技了。在儿童研究中心,每个孩子都有机会带着任务开展自己的活动。小孩子制订单次活动计划,大孩子完成一周计划。在老师的理解与包容下,孩子时时刻刻被支持被肯定,他们带上"未知"与坚定的意志,与老师、同伴站在同一水平线上,努力接近"真相",分享战果。

图6-5 计划单

如今,战果分享成为令所有孩子兴奋与期待的事。在一场场走动式的"旅行"活动中,有人成为服务者,有人成为体验者,在奉献中收获评价,在评价时观察学习。服务者提前规划筹备场地,分析游客人群,体验者为了不错失期待已久的精彩内容,提前制订了打卡计划,评选出最佳体验项目。当孩子们收到来自不同伙伴的评价时,它们会思考如何改进和调整,从而更好地提供服务,呈现他们探究学习的成果。

(二)立体完整的我

"一百个人眼中有一百个哈姆雷特"。儿童研究中心建立了大班级概念,班级老师、流动教师、影子教师,还有大孩子和小孩子——不同身份和能力的人成为每个孩子在学习与生活场景中必不可少的宝贵资源。每个孩子以"他"为友、以"他"为镜、以"他"为师，理解更完整的自己，真诚展现自己。在与来自不同班级、不同年龄、不同身份的伙伴、老师成为合伙人并共同投入学习与生活中时，他们的个性与天性、亮点与优点都全然释放，彼此碰撞，形成各富棱角的彩色宝石，向不同方向闪动着本身的光泽。

1. 朝夕为伴，共同拓宽生活版图

在生活场景中，每一个孩子与班级老师、伙伴朝夕相处，他们共同迎接需要解决的问题、需要打交道的伙伴、想要了解的事件等。每个孩子能对自己的一日三餐负责，乐于参与对生活本领的探索，以及投入对生活哲学的思考。他们是天生的生活家，在具体的生活情境中，不断拓展自己的生活版图，从一份餐点拓展到餐桌文明、在几次冲突中化身为社交能人、在低头犯难时却仍乐于伸手相助……在连接真实社会与真实生活的每个细节中，他们找到了探索生活的入口，更乐于与同伴共同游戏、生活与学习，他们从以老师为师，变成以同伴为师，他们从一开始眼中只有自己，变成以他人为镜了解自己。

【案例6-1】 变化与惊喜

何老师一直观察着眼前这个新组建的混龄集体，她发现在这个班级，大多数情况下，无论是大孩子还是小孩子，每当遇到困难时就向老师寻求帮助，小孩子不敢和大孩子玩，大孩子也不习惯和小孩子在一起……但是几周后，这种"独来独往""八竿子打不到一起"的现象就不太出现了。之前那个嫌弃弟弟妹妹动作慢的男孩子经常和小孩子"打闹"在一起，好像在享受着作为一个长者的优越感，常常服务他人、乐在其中。而小孩子也在模仿中成为"大人"，管好自己还不够，他们心里还装着自己想要关心的伙伴，并且，想让自己尽快变能干……再过几周，情况又不一样了。小孩子发现原来也有哥哥姐姐不知道的答案，还有老师都没发现的秘密，那就由我和大家分享，由我带他们解决，于是大孩子时常和小孩子打起交道，彼此分享见闻。

年龄与过去生活经历的差异是显而易见的，但是差异带来的优势也让生活在混龄环境中的孩子出现潜移默化的改变。暗自较劲、对立比较、互不"打扰"的氛围被弱化，取而代之的是每个孩子在被激活与认可后个性生长的力量。同时，我们看到在混龄群体中生活的每个幼儿有了更多途径来获得认同感与成就感，在生活场景下，年幼的孩子与年长的孩子形成了从单向帮扶到双向学习的相处模式，并在打破"长者为能"的固有想法中，形成人人为师的生长动力。每个孩子带着这份动力，在健康、生态的成长环境中无惧孤独，期待并享受着独立踏上生活之旅时内心自信、坚定的状态。

2. 志同道合，彼此相助踏上征程

　　一个人可以走得很快，但一群人才能走得更远。在更多学习场景中，每个孩子与拥有着相同志趣的伙伴，从陌生到熟悉，从一个到一群，在探究的路途中，选择自己探究的内容和方式，走出一条通往前方更远的道路。同时，他们也在这个过程中，积累自己解决问题的方法并分享成功后的经验与喜悦。成长的能量持续相互传递，同伴已经成为不亚于老师的重要学习资源，每个孩子在老师的倾听、理解和支持中能够不着急，按自己的目标和方法探索，也能够坦然面对暂时的失意和失败。孩子们在尊重中与同伴交换彼此的想法，在理解中欣赏他人的过人之处或者探究窍门，并重新思考自己还可以突破的方向，尝试自己没有使用过的工具。同行让孩子能够接触更多来自他人的困难与失败，并正确看待自己的得失，同行也能够让孩子收获更多来自他人学习与生活的独特体验与成就，得到加倍的幸福与鼓励。每个孩子在同行中给予与汲取力量。

3. 随心随性，自由进入精神世界

　　每个孩子看到事物的角度与观点各不相同，一个念头、一个瞬间中的镜头与画面，背后往往藏着孩子们独特的见解、宝贵的品质或忘我的状态。这让身处场景之外的老师感受到释放天性的孩子在投入探究活动所散发出来的能量。

【案例6-2】 安静的力量

同桌的哥哥拿着木棒和黏土,一直在尝试如何将它们固定在以半个塑料瓶为井身的桶壁上——制作打水桶似乎是哥哥的拿手好戏,身边的妹妹静静地观察着哥哥的一举一动。可自己又能做什么呢?妹妹拿起被哥哥放在一旁的边角料,在揉、压、铺中感受着黏土的质感,她找来外形相近的塑料瓶,向内一层层用两种不同颜色交叠铺满瓶子,不紧不慢、心无旁骛地制作了一个彩色打水桶。谁说打水桶只能有一种样子呢?

在个体探究的镜头中,一些不常有"精彩"作品的孩子、一些"独来独往"的孩子,有了做事有目标、有计划的样子,并无声地投入自己的"事业"中。

【案例6-3】 坚持的力量

这是皓皓第三次试图加入一个运动建模小组共同参与建模,在前两次同伴分别以"我们不是一个班的""你是中班,我们是大班"的理由严词拒绝。这个中班孩子在面对并不怎么熟悉的伙伴的阻拦时,心平气和地提出了"你们不能好好说嘛"的建议。本以为在被泼冷水后,皓皓会离开现场,没想到他起身找来了建模需要的材料,一言不发地递向建模组,大班孩子一看正是需要的积木便伸手接过。皓皓成功加入团队!

在幼儿互动的镜头中,不乏习惯倾听和默默尝试着的、努力融入同伴而屡次不得的、"逗留"观察却不常发表"言论"的孩子。但他们用自己的坚持建立了一个遇到困难、想方设法解决问题的自我形象,他们偶尔走进"洞穴"自我反思、用自己喜欢的方式"取经",在几经周折中折射着他们的坚韧与智慧,他们的细腻与韧性成了破冰同行的"决胜"关键。

【案例6-4】 真诚的力量

> 朵朵发现,按照这周初的安排,自己怎么也不可能在接下来的三天完成西湖场景的打造。她需要寻找材料搭建断桥主体,需要了解和演绎白娘子的故事,还要把弟弟妹妹正在创作的"绿树红花"湖景搭配其中,这些事情都非常消耗时间,并不是一个人能独立完成的。于是朵朵向老师提出了自己的想法,并打算对原定计划做调整。

在师幼共建的过程中,一些"进度"看似不快的孩子能够在遇到挑战时及时调整计划,也有一些孩子迫不及待地与老师和同伴分享自己的成功。在计划赶不上变化的体验中,幼儿对任务、对能力的预估逐渐清晰,任务不同于口号,他们能够面对和接纳眼前真实的状况,而愿望与现实之间的差距促使他们不断反思,把握和调整自己的学习计划,成为学习的主人。

(三)自由绽放的我

孩子和萤火虫一样会闪光,孩子和烟花一样会绽放。不同的是,当被仰望和欣赏时,孩子放射的光芒更持久与耀眼;当被真心期待与耐心等候时,孩子的火花更热烈和壮观。无论走着、跑着还是跌倒,孩子都会乐此不疲、重整待发。

1. 在"地毯时间"众说纷纭

在孩子生活与学习的不同场景下,"地毯时间"促进了不同班级、不同年龄、不同经历孩子之间的议事能力的发展。

每个孩子利用话题板、议事贴、沙漏等工具,让议事内容更有针对性,在共同熟知的话题下开展讨论交流;每次话题展开讨论时,有礼让、有争论,每个孩子愿意静心倾听,也能够等待表达,提醒大孩子不能总占着"嘴快"和小孩子"抢答";每次议事倡导人人"发言"——示范、表演、介绍、辩论,成为孩子擅长的方式;每个孩子借助"规则清单",留意适合倾听与表达的时机,调整自己的声音和体态,同时认真思考他人发表的见解,时刻准备表达自己的见解。

2. 在特定场景中如鱼得水

一个往常在班里不善言辞的大哥哥文文和一个刚入园不久的小班女孩星星成为一对令人意想不到的"搭档"。这是一对因地球仪的出现而自动组成的"伙伴"。两人在地球仪面前，一个慷慨激昂、热情讲解关于洋流、赤道、寒流的故事，一个不断调整自己的姿势——歪头、蹲下、起身、俯瞰寻找着同伴口中的"箭头"。类似场景不胜枚举，无不淋漓尽致地展现了一个被调动领导力的孩子如何利用自己的所长引领着同伴进入不一样的世界的过程，也展现着每个孩子与不同伙伴相处中的不同品质和能力。

二、闯世界

"明亮的眼睛、轻快的脚步、自由的头脑，都是我们的法宝。"孩子带上法宝告别教室，踏上旅程，向世界出发。

(一)遇见广阔复杂的世界

世界日新月异、包罗万象，是孩子身处之境，也是孩子的心之所向。孩子们在文化习俗中，从故事开始，透过风物习俗倒转历史的年轮感受万种风情；孩子们在自然季节中，通过破解自然密码、感受自然力量而心生敬畏；孩子们也会追赶着时事热点，让自己的生活、学习与真实社会发生紧密的联结，带着他们对周边人、事、物的好奇心，透过既有的现象与事件，从现在出发，放眼未来，探寻对自己生活有意义的内容。

在目前的混龄背景下，孩子们围绕着来自文化传承、自然资源、时事热点的内容，先后参与到五个主题下三十余个活动的探究中。每个孩子与老师在"1＋X"——一个主题和若干中心的模式下，初期自主选择并参与某个中心的探究，围绕生成的研究项目；中期在1—2个月不等的时间里持续、深入地学习；末尾时该主题下的若干中心彼此开放，孩子自由体验与探究、交流与评价，共享彼此对他人、对生活、对世界的见解与情感，并将成果作为行囊，继续踏上旅程，打开并创造自己的世界。

表6-1　混龄背景下学习主题一览表（一）

主题	学习中心	旅行周	主题	学习中心	旅行周	主题	学习中心	旅行周
大中国	中心一：舌尖上的中国	四大菜系博物馆	生如夏花	中心一：夏意	夏夜纳凉会	迎亚运	中心一：杭州馆	小小东道主
	中心二：节日盛装	中国古代服装秀		中心二：夏虫			中心二：亚洲馆	风情体验
	中心三：中国字画	墨香馆		中心三：夏生			中心三：环境美化馆	美化行动
	中心四：戏曲艺术	小戏迷茶馆		中心四：夏食			中心四：健康饮食	营养餐
	中心五：新科技	航天博物馆		中心五：夏诗			中心五：运动博览馆	运动会
	中心六：中国建筑	美美江南里		中心六：夏映			中心六：建模馆	场馆展示

表6-2　混龄背景下学习主题一览表（二）

主题	学习中心	旅行周	主题	学习中心	旅行周			
不一样的『9』	中心一：Hi朋友	……	地下的秘密	中心一：地下时间	……	……	……	……
	中心二：话说"九"格	……		中心二：地下生长	……	……	……	……
	中心三：姓名之旅	……		中心三：纸爱地球	……	……	……	……
	中心四：九月生活	……		中心四：石头记	……	……	……	……
	中心五：追风少年	……		中心五：呼噜	……	……	……	……
	中心六：人才市场	……		中心六：地下城	……	……	……	……
	中心七："9"宫阁	……		中心七：地下王国	……	……	……	……
	中心八：小脚丫之旅	……		中心八：地下水	……	……	……	……

1. 在文化习俗中游历

成人经常认为文化习俗距离孩子的生活很远,但它们其实都已被转化成衣食住行玩乐,不知不觉,浸入孩子的生活感受和活动体验中。无论是衣食住行还是行事言谈,孩子们都能从特定场合、特定时机中感知到文化渗透在生活的方方面面。

孩子把社会文化背景中的学习当作一面贯穿始终的三棱镜,他们不再一味地分辨衣食住行中的那些门道,而更擅长带着发散性思维、好奇的心态,了解特定语言或行为、特定情感或观念,对当下的启发以及对未来的指引。例如,在"大中国"主题下"中国戏曲"研究中心的学习不仅仅聚焦于唱、念、做、打的一招一式,不是纯粹技能的学习,而是在社会背景下了解戏曲产生。

2. 在自然时令中穿梭

通晓不同季节对应生长的植物的意义,不及了解不同季节的特点典型;解说一两种常见动物的生活习性,不及发现适者生存的规律珍贵。浸润自然时令中学习的孩子带着自己最早对一花一叶、一草一木的外部特征的了解探究枯萎的原因与规律,发现了它们与自然环境和人们生活的关系。他们对生态破坏、环境污染的现象和原因心生好奇,但不再需要通过教导来"表现"珍惜与爱护。他们可以从理解适者生存开始,最终参透万物共存的真谛和要义。例如,在"地下有什么"主题下"纸爱地球"研究中心的学习中,生活在美好宜居城市、生活环境非常优渥的孩子惊叹于"海洋污染"的画面、好奇于垃圾场的"壮观",他们了解垃圾的产生,研究垃圾对自然与人们生活的影响,在更广阔的视野里中,在心中种下了环保的种子。

3. 在时事"怪象"中驻足

由于信息通达、媒体多元,孩子们的学习已经不能被围墙限定,他们可以通过查阅电子设备、外出调查、访问记录、观察分析等方式,获得宝贵的"一手资料",并从中获得收集资讯、筛选信息、辨别真伪、形成观点的能力。他们透过事件体验到更复杂广阔的世界,拓展自己涉猎的领域,形成自己的世界观与价值观,不再人云亦云。例如,在"迎亚运"主题下的"亚洲馆"研究中心,学习内容逐渐涉及到亚洲主要国家的风俗礼仪,其中当孩子们对日本、中国传统服饰进行对比探究时,更是在探寻内在文化或生活背景。木屐源于中国传入日本,日本因气候潮湿改良,更对鼎盛时期的汉唐文化产生兴趣,这引发了孩子对文化传承的辩证思考。聚焦热点或典型事件的探讨,不断将孩子们的学习从认知事实、寻找联系发展到深刻思考。

(二)迎接瞬息万变的世界

在真实的社会生活中,一朝一夕新生的事物,以及未来人生之路上出现的挑战,远比校园内设定情境中的问题更具体与复杂。孩子不再满足于过去那种传统意义上的学习,这样的学习难以激发孩子学习与创造的热情。现在,他们更多地去接触和探究与当下世界相关的内容,并在社会快速发展、各地区各领域文化日益多元的背景下,朝着成为未来主人、世界儿童的发展愿景而努力。

1. 抛开书本、离开板凳,开启手脑灵活并用的自主学习

孩子虽然可以通过"书本"了解并掌握,但他们也早已经发现"书本"不再是获取知识的唯一途径。孩子们更擅长在自己身边正在发生的事物中,加入自己的思考、采取积极的行动,成为学习的主人。

2. 脚踩泥巴、手握工具,进行复杂情境的整体学习

孩子擅长在游戏和生活中学习,没有情境的学习是枯燥的。他们在磨炼中成长,没有挑战的生活是无趣的。他们在解决问题时就自然地将原本割裂的知识体系、零散的经验方法融会贯通起来,在理解中运用,建构自己独特视角下的信息库与世界观,并能够自主运用自己与生俱来、更为擅长的方式,从多个角度认识与探究。在"迎亚运"主题的开放周期间,孩子从"博览馆""饮食馆"等学习场景中,从身体运动与营养饮食来探究并形成有益于身心健康的行为方式。每一期主题下若干个研究中心之间,每个研究中心内生成与最终涉及的内容之间具有综合、交叉的特点,以此促成了孩子更有"回报"的学习。

3. 眼观当下、心向远方,开启聚焦典型的全局研究

孩子在与同伴、老师的卷入式探究中,辨别和选择对自己生活有价

值的内容。孩子能够在应对飞速发展的当下，以他们自己的视角，从代表性事件出发，将眼下探究的成果进行拓展学习。例如，在"地下王国"研究中心，老师之所以选择将"蚂蚁"作为研究小主题，不只是"幼儿喜欢"，更是关注到了社会性"蚂蚁"的独特价值。从生活习性、生态系统的探究，到对人类社会的启迪等，孩子以小见大，以期超越动物本身，超越内容本身。

三、向未来

教育形式一直随着社会发展的进程和形态变化着。眼下，当学校教育或者说他们的学习与生活的目的、目标朝着"创新""批判""沟通""责任感""世界公民"转变的时候，由来已久的学徒制、授课制，就不得不做改变与突破。老师正在以更长远的眼光来评价孩子的成长，孩子也能从中获得"平等"的对待。孩子不是装载既有知识与经验的容器，被塞得满满但从不更新与使用，也不是传递已知世界的工具，而是具备自行加工、转化能力的有机体，是对未知世界充满好奇并向前探索的人。每个自由向前的人都能确定自己的目标、打开自己的世界。

（一）各自发光

每个孩子都大放光彩是学校教育样态转变后的一大变化。我们为何而教、如何去教、是否要教等问题被一次次拿来讨论，每一次思考对教学定位、教学方式、质量评估形成持续不断地冲击。也因此，当孩子们从下结论式的评价中走出来，在过程性的诊断和支持中，当不再用成人自我验证的方式来获得认可时，他们就能展现出综合的素养、生活的能力。在这样一个背景之下，孩子生活与学习的目的就有了更多畅想的空间，并且在形成目标感、善于交朋友、喜欢破难题三方面的个性化培养目标中得以显现。

表6-3　幼儿能力培养的框架（以"形成目标感"为例）

二级指标	三级指标	典型表现
对目标的认识	有没有目标	水平一：游离的状态 水平二：观望、观察或关注的举动 水平三：直接参与其中
	目标的清晰度	水平一：知道有自己要做的事情 水平二：有具体、针对性的行动 水平三：能介绍、说明、解释自己想做、在做的事情
	目标的指向	水平一：是否有难度且适宜 水平二：是否有助于理解、适应未来生活，面向未来 水平三：是否持续清晰指向总目标的达成
对目标的体验	消极体验	水平一：懈怠、紧张、抗拒
	中性体验	水平二：接纳、从容、愉悦
	积极体验	水平三：重视、自豪、享受
对目标的调整	管理目标	水平一：能够分步骤、分板块细化目标 水平二：能够在过程中关注目标进度与方向 水平三：能对目标达成质量进行评价
	自我调节	水平一：面对成功或失败有适宜的表达 水平二：能听取、接纳他人的建议 水平三：取得好的结果还想做得更好，或面对失败不气馁

1. 形成目标感

在混龄背景下的孩子更容易有目标感。他们不再以自我为中心，也不再只和同龄的伙伴、固定的老师在固定的场所共同学习与生活，而是在丰富的人际与空间环境带来的真实的活动情境中，以身边形形色色的人、事、物为参照，评价自己，感受自己的能量，于是形成有内在驱动的个人目标的能力。

孩子在混龄群体中随着年龄增长、身份变换，也会将年幼时受到的帮助转化为助人为乐的愿望。例如，王老师怎么也想不到即将晋升为哥哥的安安，为了能够帮上明年新来的弟弟妹妹，竟提出并坚持从今天开始自己练习扣纽扣、挂衣服。越来越多的孩子拥有自己小而清晰、小而笃定的目标。

在生活与学习中，孩子拥有了独立的意愿和能力，不管下一刻迎来多大难度的挑战，面对怎样陌生的新奇事物，他们始终保有想做就做的勇气。每个孩子不光有目标，而且一直在前进的过程中，积极调整自己的目标，追求自己想要的结果。与此同时，他们还从不同阅历见识、不同个性特长的伙伴中获得丰富而真实的信息，每个孩子得到了一张专属于自己的评价网，也更充分地认识了自己。在这样的互动和反馈中，无论是让人兴奋的"惊叹时刻"，还是令人挫败的"懊恼时分"，都让他们具备了更强大的内心，他们对自己生活和学习的要求会更"持续且清晰"。

2. 善于交朋友

每个孩子都自然携带着自己对人、事、物的主观看法来到集体中，每个孩子也因此乐于走近"不同"，期待与他人交朋友、享生活、乐探究。因为，他们知道不同人眼中、口中有自己所没有经历的新鲜事儿，不同人心中有不同于自己的奇思妙想与真实情感。与这些"不同"打交道，就像翻开了一本永远藏着惊喜的书，下一页不都是喜闻乐见、预料之中的。于是，他们抱着探索与游戏的态度，尊重和接纳与自己生活经历、成长环境不同的每一个人，在付出实际行动的同时收获交流沟通、理解合作的能力。

【案例6-5】 4个男孩的交往

在一次建模活动中，四名男孩汇聚在一起，其中，有来自两个班的三名五六岁的大男孩，和来自其他班的一位四五岁的小男孩。小班男孩在加入团队的过程中并没有因年龄而怯场，他带着协作者的身份拿起搭建材料试图加入团队共同搭建，但还未放下材料就遭到了其中一位颇有领导范儿的大男孩"别让他动"的口头"警告"，与另外两位男孩伸手阻拦。于是小男孩放下手中材料，从容地向同伴提出了"你好好说嘛"的想法，但并未奏效，大男孩们虽然来自不同班级，

> 但是迅速以同龄的绝对优势达成共识并"示威"。本以为小男孩就此放弃,但是他转而以询问的方式向同伴确定自己是否能够以收集建模材料的方式提供帮助。

混龄背景下,孩子们的生活、学习圈子被充分打开,他们在应对不同关系时,积极调动沟通技巧与策略。就算彼此的观点很难在每一次的碰撞中达成共识,他们也在尊重中锻炼了自己倾听、理解的能力,要知道,孩子们就是在这种"不顺"的场景下成长起来的。发现彼此之间的差异是孩子们交往的第一步,紧跟着他们就会好奇并探究差异背后的原因。逐渐地,每个孩子对其他孩子全盘接受或直接否定的现象减少了,在真正的包容中,孩子之间有选择的认同多了。

3. 喜欢破难题

循规蹈矩地学习是索然无味的,唾手可得的成果也会失去成就感。而在儿童研究中心,孩子们真正有机会去克服他们自己的困难。他们进行自由探索的空间是巨大的,这种突破与辐射是从"书本"中的难题拓展到生活中的现实问题、是从课堂中的迷惑深入将来的未知。孩子们在被充分信任的环境里,不满足获得一时的成功,也不轻易陷入沮丧的漩涡。无论年长年幼,孩子在自己认为重要的活动中呈现独立、专注或持续的学习状态。

【案例6-6】 跟着学习

> 在"水世界"研究中心的某阶段,孩子们正在通过对水井探究来追寻水源利用的渊源。当走在前面的大孩子通过模型来了解取水调水的原理时,小孩子也在一旁目不转睛地观察。而在另一个角落试验打水的小班孩子已经持续一周对如何得到一个"可转动的手持把手"、如何得到一个"适宜的接水的器皿"进行探究。

不被限定的学习方式,不统一划定的学习目标,让每个孩子都可以带着自己的思路和内容展开探究活动。

(二)各得其所

儿童研究中心打破了精心备课的教学惯性,也突破了用"应该"评估个体发展情况的固有思维。所以在认识到孩子的成长存在进退循环、逐步上升的这一特点后,每一个孩子在宽松包容的环境中都成为各有所长的草根"专家",哪怕成长进度不一、方向不同。有研究表明,获得学习资源是决定学生学有所成的有利因素。因此,学习资源就像是半开的那扇船闸,让每个孩子坐上最终都抵达远方的小船。

1. 打破"应然"——各有水平高低

孩子们展现自己超越年龄的能力,同样也能坦然接受短暂的停留。他们用行动证明自己已经从被要求的框架里挣脱出来,也用行动告诉老师放下"应该"的执念,尊重孩子生活和学习的意愿。于是,老师开始感叹:当不再急于从孩子口中得知预设的回答时,似乎有更多的注意力放在孩子真实的学习状态中,至于以后要做什么,孩子自然会告诉我们答案。

2. 享受"突然"——各有快慢反复

在孩子与同伴互动的日益充分、对目标调控日益精准的过程中,他们对自己学习与生活的评价就形成一套标准。步子慢的孩子厚积薄发,步子快的孩子享受着冒险的乐趣。他们目标清晰、内心坚定,最终都能以自己的速度抵达终点。

3. 释放"必然"——各有本领所长

每个孩子从自己擅长的领域出发,运用自己学到的知识,成为草根"专家"。不同孩子释放出天赋,无论是演说还是绘画都是他们对当下探究的独特表达。不同孩子掌握着不同领域的信息资讯,不同的资讯通过无障碍的互通交流、倾听、碰撞和筛选,使得每一位孩子又进一步构建了属于自己的新经验,螺旋上升的过程让每位孩子各有所长。

第六章 飞跃 未来图景的初体验

第二节　永动者,被激活的教师形象

　　来自网络、社交圈子、媒体、外出游览的信息越来越频繁地进入我们的视野,无论是成人的工作与生活中,还是孩子的游戏与学习中,都充满了活力与更多可能性。世界大变革的社会背景也给教师带来挑战与机遇。常学常新、常新常进重塑未来教师的形象,唯独如此,他们在卷入教育变革的洪流之时才能不被湮没其中,并焕发新的光彩。

 一、心怀"四有"的理想信念

　　"四有"是教师在教育变革的浪潮中安身立命、奋勇向上的内驱力。每一个老师都以"四有"作为激励自己保持努力的方向、作为评价自己"教书"育人的终极目标。有爱,让他们与孩子同行;有梦,让他们保持前行;有慧,让他们享受挑战;有伴,让他们获得力量。

(一)有爱,看见每一个孩子

　　教师用尊重儿童之心、保护儿童之力、支持儿童之行,倾听和看见每一个孩子,关怀和了解每一个孩子。

　　　即使没有血缘关系,我依然热爱你;

　　　即使今天心情很糟糕,我依然会始终微笑着面对你;

　　　即使鼻涕眼泪会弄脏我的衣服,我依然愿意一直这样抱着你;

　　　即使我再忙碌,我的眼里始终有你并时刻守护着你;

　　　即使沙子会弄脏鞋子和双脚,我依然愿意跟你一起走进沙池游戏;

　　　即使我需要长时间弯腰,我依然愿意永远和你保持一样的高度。

(二)有梦,远望未来的方向

为了培养能够应对生活挑战、应对未来不确定性的孩子,为了给世界留下一群有梦想、有思想、有勇气、有活力的孩子,教师带着追求、信念、坚守、自律向这个目标迈进。

我和幼儿园有着同样的梦想,要把快乐生活根植在我和孩子们的心里;

我总是清楚地知道明天要做什么,并为之做好了所有的准备;

我知道一定有一个更好的自己在前方,我一直在追寻着;

我知道自己的下一站在哪里,并为之一天天努力着;

即使没有人监督、没有评价,我依然会努力做到更好。

(三)有慧,践行育人的初衷

教师在探取教育方法的过程中,践行教书育人的初衷,倡导智慧教育理念。

虽然日子很平凡,但我却能每天都有新发现,因为我有让自己永远像孩子一样乐于创造的智慧;

孩子总是千变万化,但我还是知道他们想要什么,因为我有读懂孩子的智慧;

孩子的事情看上去微不足道,但在我眼里它们却很重要,因为我有研究儿童的智慧;

生活总是日复一日,但我还是能够抓住教育的契机,因为我有建设课程的智慧;

每天总是很忙,但我能够把事情做得井井有条,因为我有管理时间的智慧。

(四)有伴,凝聚团队的力量

教师要善沟通、乐分享、会合作,与人为伴、与人为善,在付出与传递中积攒彼此的能量,用热情、真诚与专业照亮前进的路。

三个人相伴,因高频次交流而形成默契,我们是班级好搭档;

一百人相伴,只要每个人都付出一分,我们就能收获一百分,我们是幸福大家庭;

219

一群人相伴，获取不同视角、不同方法的经验，让我们每一个人更专业，我们就是专业好团队；

为了孩子，我在幼儿园学做妈妈，你在家里学做老师，我们是孩子成长的最佳搭档；

与幼儿为友，传递能力，表达情感，乐于倾听；

与家长为友，用专业施教，带着坦诚共情，为孩子的成长不懈努力；

与园长为友，当我们遇到无助与迷茫时，让真诚成为最好的沟通方式。

二、卸下"完美"的形象外衣

教师不以传授者自居，在认识到自身角色的多样性后，他们把过去独有"一桶水"的长者心态抛之脑后，乐意像孩子一样，成为谦卑的学习者，成为智慧的创造者，为朝前看鼓起十足勇气。

（一）聚集自我学习的动力

"不快速学习就要承担后果。"不得不承认，深谙传统教育门道的骨干老师所付出的努力并不会比初出茅庐的小老师少，而年轻老师成长的速度与收获的成果有时也不亚于精于教学的年长老师。无论何种身份、资历，每一位老师都要敢于清除陈旧的知识和过时的经验，从认识不完美的自己开始，让自己跨入未来。

1. 自我激励，在跨界中融入新知

当以往的方法在教学创新中不再是灵丹妙药时，老师多少会经历胆怯和迷茫，但幸好他们已经在思考自己下一步的"学习计划"、盘算着和孩子们的下一次"碰撞"。他们迈开步子打破自己惯有的认识误区，迫切地寻找学习资源。例如，新加入变革行列的老师，提出学习的需求："我建议把改革中的教学经验和成果整理共享给所有老师，对于从来没有尝试过的我来说，很需要有看得见的学习资源。"这种潜移默化的转变，带动每一个教师不断下定决心向上出发。

老师把对教学方法的学习和研究上升到实际的具体教学关系中，从

孩子学习的角度探索新的经验。他们不再花过多的精力在"如何在半小时里让所有孩子了解更多的交通工具"这类问题上,因为这类教学内容孩子通过绘本、动画、旅游就能获得。取而代之的是老师会把自己当作孩子的伙伴,站在孩子的身旁,用孩子的视角分析他们对于"交通工具"的探究需求。

老师把教学课堂转移融入复杂真实的社会生活中。只是在教室进行课本中的学习是远远不够的,用过去的经验编制教学内容永远赶不上孩子眼前这个世界飞速发展的步伐。因此,老师从幼儿今后所要面对的实际生活出发,与其同行,对身边新兴事物、典型事件保持充分的敏感与热情,通过一个个解决实际问题的项目、一次次偶然出现的危机与挑战,让教学过程更加生动,让教学对孩子的影响更加持久。

2. 深入研究,由需要引发讨论

教师队伍中自发形成了去中心化的研究团队,每个教师表达着如何与孩子互动、如何开展评价、如何为学习设计方案等的想法,每个教师也敢于成为特定阶段、特定板块的研究者,激发着自己的实践灵感。他们以问题为导向形成研究团队,确定探讨一个个专题,开展智慧众筹。他们就像孩子一样,在解决问题、改进方法的过程中,积极地献计献策,养成自我思考的习惯。

老师们还打破了传统僵化的教学研究方式,研讨的形式从固定时间变为随时开展,研讨的场地从办公室、会议室,延伸到具体生活与教学场景,延伸到餐桌上、楼道里,延伸到教学现场。他们彼此之间或两两抱团形成合力,或三人成组,以不同视角解读孩子、展开碰撞,形成了一种"非正式研究"的教学氛围。问题的解决比率远远高于以往分组固定、内容滞后、频率过低的"端庄严肃"的教研。

在这样的研究氛围中,老师们不再关注观点的绝对正确、不在意经验是否值得借鉴,而是享受应对未知教育的探索中集体共同研讨的平等氛围。没有外界评价,教师更乐意说出朴素的经验、给出真实的评价了。

3. 重塑形象，以"通才"应对变革

在教学之余，我们看到无论是年轻教师，还是从传统教学模式中走出来的年长教师，大家都象海绵一样吸取新知识，不断驱动自己成为"通才"。比如信息爆炸的数字化时代驱动着他们掌握使用各种电子产品的能力；比如他们将教育放在社会的背景中去理解和开展，不断盘活自己零星、片面的经验，把它们作为开展教学的宝贵资源；比如"我在农村长大，我会堆肥，我可以选择'地下的时间'和孩子们一起研究地下生物腐烂的秘密。""我喜欢诗词歌赋，平时也会经常看相关书籍，我想带着孩子们一起去看中国文学馆。""我们和孩子明天打算走出幼儿园，去看看外面那棵有名的老树。"除去教学技能外，教师开始走出"教学世界"，更广泛地研究不同领域正在出现的变化，从中吸收营养，打开视野，把教育变成一项更有活力、充满创意的事业。

(二)走出传统教学惯性的魄力

打破旧瓶，舍弃旧酒，既艰难又快乐。——这正是儿童研究中心的老师们正在做的事。

1. 挑战"不会的"勇气

前面提到老师们突破固有知识领域，并乐于接受新兴事物，因此，对于老师而言，在具体教学中，以往"我自己都不知道，孩子怎么能理解"的担忧越来越少。老师把对幼儿学习与生活的评价注入更客观与持续的状态中，不做幼儿学习的决定者，甘于退居为幼儿成长的见证者，与幼儿同频同步主动接纳未知挑战，在对话中走入孩子的视角，增强教学自信，享受主动探索未知世界、了解幼儿内心的乐趣。

[案例6-7]　击剑

陈老师在"运动博览馆"研究中心开设了击剑区，击剑是她仅仅听闻却从未尝试过的一项运动。在活动开展前，为了能够真实地了解击剑知识，陈老师参加了一次公益的击剑体验课，听取了教练仔细讲解的规则以及一些相关的击剑"冷知识"。活动开展后，她把击剑场地"搬"进了她的研究中心，与孩子们一起用消音板制作了"击剑

场"，并插塑玩具制作成"剑"。头盔、裁判、步姿，该有的元素都有，玩得有模有样。家长纷纷在朋友圈分享："今天我们家宝贝回到家还给我们上了堂击剑课，幼儿园真是'千姿百态'的。"

教师带着游戏精神，以共建的心态尊重幼儿的探究个性，不急于言传与教授，从收集资料开始，通过典型场景的搭建，与幼儿一起完成"作品"中的探究，以满足孩子们的需求。

2. 习以为常但未必正确

"新酒还要新瓶装"——跨界、创新、面向未来成为老师专业发展的机遇与挑战，传统教育模式下一日活动作息、幼儿课程安排与教学管理等也有了调整。

老师改变以讲授为主的教育方式，因为老师们知道了并非讲了孩子就学会了，也并非讲了孩子就学到了；因为老师发现解答多了，幼儿的探究就少了；因为学习并非为了得到一个结果，而是孩子在寻找答案时所经历的过程，是在一次次验证中的坚持、收获；老师敢于提问，因为他能从每个孩子那里得到一个个不一样的答案……思维与思维的碰撞搭起了老师和孩子之间的桥梁。

3. 不必"现学就会"的坦然

在传统教育模式下，一次成功的教学活动的标志在于学生能说出某个教师预设的知识点、能做出某个只要模仿就能完成的动作，似乎只要能给出老师想要的答案，就证明了教学的效果。

而如今不同，老师转变了教学目的，让学习变得更宽松。他们把"传授"变为"点亮"，把"掌握"变为"发散"，不再用检验标准、自我验证的形式要求孩子，而是在每个孩子面对问题时，鼓励他们优先尝试用自己的思维路径去寻找答案，带着已有的经验去判断思考。让孩子沉浸在自我建构的过程中，老师不盲目追求"正确答案"，不去考验每一个孩子的"短时记忆"，每一次互动与探究，不再追求"现学就会"，坦然接受每个孩子的现实表现。老师不再在乎短暂的目的地，更在乎沿途与远方的风景，一路收获的一定是满目的春光。

【案例6-8】 思维导图

胡老师最近给女儿报了一个辅导班,学习的是思维逻辑方面的课程。辅导班中的老师教授了很多不同的思维导图呈现模式,以及一些专业的画图方式。在孩子学习的过程中,胡老师自己也学习到了很多新"本领"。于是,她回到幼儿园组建了一支兴趣组,将学习到的各种思维导图方式通过不同的生活内容来开展研修,比如制定旅行计划时可以用到怎样的思维导图。当然,还有很多主题,例如制作咖啡、学习新技能等。报名参加研修的老师很多。这项研修活动内容贴合生活,老师们能从中学习到对开展活动有所帮助的思维导图新形式。

教师不再抱着急功近利的心态看待孩子和他们的学习,也能够给自己更多的空间接纳与吸收新事物。在学到了自己想学的以后,老师又能够把学习成果作为自身的经验运用到工作中去。

 ### 三、探寻实用的教育方法

找准创新教育潮流中的教育内核,教师要做的就是把孩子摆在学习的中心,以退为进,用信任替代测验,用差异化个性教育冲破标准化教育的弊端,让混龄背景下的每一个孩子在自主与互动中各自成长。

(一)把注意力放在孩子身上

"既然你有两只耳朵和一张嘴,那就等比例地使用它们。"在走到孩子面前时,老师要先成为他们的影子,跟随他们,倾听、观察他们。

1. 孩子所处的地方,就是教学的中心

老师总是和孩子一起踏上学习之旅,在同频共振中快速地与孩子建立信任关系。老师见微知著,看到孩子的兴趣,就知道他关心的内容。老师真实地拍摄并记录下孩子们的兴趣和困难,把他们当作点燃教学的"引火线",再拿起放大镜看清当下的原因和现状,思考孩子在接下来的

探究中可能收获的结果与适宜的学习方式。在一番考量后,他们鼓励并和幼儿共同翻阅资料、收集物品、记录疑问、进行讨论,教学就这样自然地发生着。

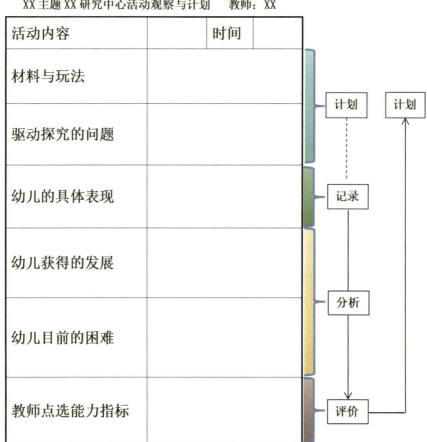

图6-6　记录评价与计划

有时,孩子们会带来一切他视作宝贝的东西,会提出自己的异议与老师"对峙",也会将他的方法与同伴共享,主导一场属于自己、接纳他人的探索活动。你看,孩子所在的地方就是故事开始的地方,而教师用理性与敏感对幼儿所关心的事物是否"有趣且有意义"进行价值判断,并在

第六章　飞跃　未来图景的初体验

理解与尊重中，跟随这些对生活充满好奇与热情的发现者，一同思考、彼此表达、共同行动！他们能够蹲在草地看蚂蚁如何成群结队赶往目的地，他们能够发现种在楼顶的树叶子上的"洞"又比昨天多了不少，他们发现幼儿园里来了一个漂亮的混血妹妹，他们停下脚步抬头注视墙壁上前一天和老师争论不休的话题……这些都是孩子带给老师的灵感。

2. 学习发生的地方，就是评价的起点

一套标准，一支笔，勾勾叉叉……老师还在使用传统标准——给孩子评价？答案是否定的。老师将观察、记录、评价、备"课"联动起来，听听孩子说的话、看看孩子的行动、等等孩子的反应，而后再来评判他们。这种突破传统课堂讲授的教学模式，让孩子在和材料、同伴、环境的互动中深入探究，让学习持续进行，让当下成为起点。

每一个教师在生活和学习场景中转换自己的角色，分别作为班级老师、流动老师、影子老师记录和分析着孩子们学习的全貌，他们还将伙伴之间对彼此的评价作为研究参考，了解孩子心中的标准，换一种角度评价他们的学习。

3. 差异出现的地方，就是支持的拐杖

擅长交往、大胆探索、谦虚请教、细致规划、乐于思考、不怕失败等来自不同幼儿的能力与品质能让每个幼儿在群体中脱颖而出。在需要孩子组织开展一场讨论、发起一个行动、找出问题背后的每个线索时，教师就会让幼儿与同伴相互交流，在表达和碰撞中，在实实在在的跟随、模仿、合作中，找到另一把解决问题的钥匙。

每个孩子的学习不是完全独立进行的，不同的孩子也各自有着不同的优势和劣势。同伴互学让孩子之间的差异成为教学资源，成为老师支持孩子成长的拐杖。不得不承认，哪怕是有着相同兴趣的孩子也会采用不同的探究方法，比如有人喜欢翻阅资料就有人擅长收集物品，有人喜欢记录疑问就有人喜欢直接来一场讨论。而不同的困难也可以有不同的探究途径，孩子们不再留恋教室里、板凳上老师的言传身教，相比于接受答案，他们更享受独立寻找答案的过程，以及在合作、讨论、观察、模仿、讲解、演示中和同伴互相学习的氛围。

除此之外，老师更为关注的是彼此关心的同伴群体中形成人人互学、彼此为师的氛围，突破竞争模式，每个孩子不会因为老师的喜好被排除在"晋级名单"外。

(二)扔掉"包袱"开展教学

"不管黑猫、白猫，能抓老鼠的就是好猫"。不管是正式学习还是非正式学习，不管是直接体验还是间接欣赏，不论是集中介入还是一对一支持，只要能最大程度促进孩子成长，在具体生活与学习场景中教与学，不再被行或者不行、对还是不对所困扰。

1. 任务让学习开花

创设一个充满情境的任务，就能激发孩子们想要探究的好奇和愿望；抛出一个能够调动团队积极性的难题，就能汇聚伙伴们的智慧、相互交流碰撞。不同的任务让孩子持续不断地在解决问题的状态中去用自己的方法辨别、选择、运用原本生硬的道理。当孩子们能够自己发现问题时，新的任务就会不断涌现，这些任务可能会驱使孩子持续深入探究同一个问题，也可能会让他们转换探究其他问题，当一个阶段的探究告一段落，我们回头时就会发现孩子们的收获是我们无法预见的。

2. 反刍让学习深入

如果说知识需要借助任务转化成更易于孩子感知、探究的内容，那么经验就更不能脱离具体情境。孩子就是在一次次"行不通"后的探索中成长起来的，老师顺势而为，让孩子们有机会去验证自己的成果。例如，在旅行周，被赋予服务者身份的孩子们会走出儿童研究中心，来到社区，把几经验证后的学习成果展示给"路人"。而在此之前，他们需要做一份计划，比如面对大人和小孩我该如何介绍或演示，无人问津时我该如何应对等。在展示现场，来自不同学习背景的同伴、不同地方的大人时刻考验着孩子们随机应变的能力，他们也在展示中不断反思。

3. 互动让学习自主

混龄环境里流动的人群是每个孩子宝贵而且丰富的资源，老师和每个孩子之间不再是排他的一对一绑定的关系，我们让伙伴之间、不同老师和每个孩子之间自然展开交流，让每个孩子在宽松的环境中活跃起

第六章 飞跃 未来图景的初体验

227

来。老师借助彼此之间信任的关系,引发个体互动、团体讨论。有准备地形成为一个重要的诀窍,它帮助幼儿在接受某项任务、投入某个难题攻克时随时有可以借助的经验。

同伴之间、师幼之间的互动如何准备?正如前文所提及的,要看到差异,发挥优势,老师根据日常对每个孩子进行观察,对他们学习进展进行关注,在必要时刻引发互动。有时候一个关键问题就能激起一群孩子聚集讨论,一个关键启发就能驱动孩子们分头寻找答案,一次不经意的沉默就能让孩子们伸出援手。

第三节
童玩家，儿童研究中心的未来构想

"教育文凭不再与核心竞争力画上等号""全球胜任力""教育4.0的全球框架""核心素养"等来自国内外关于学校教育要转型、人才培养要重塑的立场、口号，引发了我们对幼儿园教育培养导向变革的思考，同时也让幼儿园的教育踏上了探索与重塑幼儿学习与生活样态的道路，并发生着变化。这一切，离不开我们对于世界需要怎样的儿童的思考与探索。童玩家像一座博物馆，也似一个理想国，这里的老师带着一份朴素的教育情怀，与一群孩子一起过着简单而快乐的生活。

 一、蜕变之中的幼儿园

著名教育家苏霍姆林斯基说过："让学校的每一面墙壁都开口说话。"是的，幼儿园早已经不是一个物理意义上的教育空间，它是一个有生长生机、有情感融入、有生活痕迹的地方。幼儿园就像"桃花源"，没有因为精致刻意打造的"景"，却有因真实的生活需要、师幼共同打造和经营的"家"；没有因为特色打造的需要，而有意构建的束之高阁的课程，却聚积了孩子们每一天有意义的日子。这种学校文化传播着无形的力量，潜移默化地让幼儿园呈现不同以往的面貌。

（一）博物馆，珍视每一个人

幼儿园的角角落落见证和记载着每个孩子在不同阶段、不同方面的成长，幼儿园时时刻刻包容和支持每一位老师的奇思妙想。每一个独特的孩子在这里能够通过照片、图画、倾诉、表演、作品等来表达自己，幼儿园也因此记载下每一个阶段的孩子,记录着每一次创意迸发、敢于尝试的勇气。它就像一座包容万象的博物馆,陈列着每一件真实、不经修饰的展品。

珍视每一个儿童,珍视每一位伙伴,也珍视每一位老师。博物馆里接纳着不同孩子的悲欢喜乐,承载着他们的成长变化。在这里,每一个孩子有机会关注并愿意与身边拥有着不同外貌体形、年龄特色、性格脾气、癖好习惯的人成为朋友;每一处空间也成为与同伴自在玩耍、自主探究的天地,成为每个孩子制造惊喜、见证不可能的研究基地与游戏乐园。在这里,老师带着向书本学习、向儿童学习、向生活学习之心,始终行走在为孩子终生成长的探索之路上。

博物馆里人人都有光芒,他们不掩盖自己的不足,不压抑自己的个性,不无视自己的情绪。

(二)理想国,成就每一个人

无论是孩子还是老师,在这里,他们的想法和行动能够得到允许与支持,他们的学习和探究的脚步不会因为外界的评价和阻碍而终止,每一个人能够带着自己的目标,按照自己的方式,开展自己的计划,完成自己的任务。

在跨界学习中成就每一个人。管理者、教师、职工、幼儿在学习中都有跨界的机会。成人与孩子一样,只有不断接纳新兴事物,才能与世界、与幼儿同频对话,才能对个人的专业发展、职业生涯进行精准规划。幼儿与成人一样,可以脱离依赖,跨界寻求资源与力量,在更大的空间中打开自己的世界。

在终身学习中成就每一个人。站在新的角度看待终身学习吧——它促使每一个人在时代变化中加快追赶的脚步,在滚动运用中激活和更新即将遗忘的对生活有益的知识与内容。对于孩子而言,这恰是他们习以为常的生活方式,但务必要因材施教,有弹性、有差异地让他们研究自己的生活,有机会过自己想要的日子。

在能者激励中成就每一个人。不简单对老师进行固定的分组、整齐划一的分类,也不再以普适的标准定义孩子的学习与生活,能者文化是一种调动每个个体竭尽所能而非量力而行的内在激励。挖掘潜能,放大潜能,让差异带来的优势带动每一个人自信奔跑。

幼儿园就是理想国,存放着每一个人的目标、信念和理想,见证着一次次将不可能转变为可能,见证着用勇气击退不确定性、用决心战胜挑战的行动与成功。在这里,没有什么是不可能的,在这里,每一个人的理想融入生活与学习,照亮每一个人的成长之路。

 ## 二、趋近"朴素"的教育内核

教育不是让孩子在真空的环境里、在被安排的不变的活动里、在成人狭隘的期待里成长。与其思考给孩子创造一个怎样的世界,不如着眼当下,思考给世界留下一群怎么样的孩子。幼儿园要有朴素的教育理念,将纯净的世界还给孩子,老师也要带着真诚的心实践落地的教学形式,这样,幼儿才能以有目标、爱探索、善交往的姿态展露在未来的舞台上,才有能力去创造和迎接属于自己的世界。

(一)至纯,朴实的教育理念

教育的中心是孩子,教师把舞台还给了孩子,于是教师不会执着于在每一次展示中让幼儿配合表演,以此来印证自己精妙的教学设计、精湛的教学技术,而是用更尊重孩子的心态,倾听和平视甚至仰望他们,用原本花在导演和修饰上的时间来解读他们、敞开自己。老师选择更踏实的方式,和孩子一起走入真实的生活,在生活中探究,为生活而探究。

朴实的教育理念是把孩子最需要的营养不加修饰地给予孩子,让他们登上自己的舞台。不需要绿叶的衬托,也不需要灯光的照射,让孩子们做自己就是最朴实的教育。

(二)至善,释放本真的孩子

每一个孩子应该首先成为他们自己,用独特的眼光打量周围的生活、身边的人们和眼下的世界。我们将他们的学习和成长融入具体行动中,让他们在行动中带着探索与改变世界的好奇和信心,将零碎的信息汇聚在一起,逐渐成为有独立思考的能力、有自主探索的方法、有应对挑战的情趣的人。最终,"形成目标感""喜欢破难题""善于交朋友"成为孩子们用于改变社会、塑造未来美好生活必不可少的三种能力。

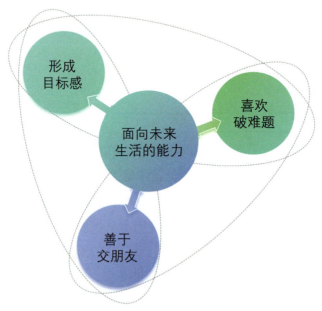

图6-7　幼儿的能力发展

从想学走向"享学",每一个孩子形成了目标感,并获得为自己而学、自己想学、能独立学习的从容、自信和乐趣。许多在初入学时受到哥哥姐姐、不同伙伴的关心与照顾的孩子,在经历了一年、两年的生活和学习成为幼儿园的大孩子时,会迫不及待地观察、寻找人群中需要帮助的新伙伴,为了让他们体验温暖与安心,时刻敦促自己要变得更能干和强大。在这个情境之下,孩子们根据周围环境的变化调整自己的行为,确定自己的目标,在生活中享受着收获与付出。此外,每一个孩子也在是非之中、在他我之间反思和评价自己的行为与能力,并在持续的自我调节中享受不断了解自己的幸福感。在特定领域擅长的孩子会遇到在其他领域强于自己的同伴,当自信遇上欣赏,就能激发对于自己更全面的认识;在同龄环境中难以得到肯定的孩子浸泡在混龄的群体中,就能建立不同参照系,滋养自己干瘪与低落的内心。在不同时机和场景遇到的不同伙伴、老师都是自己的一面镜子,孩子能够从来自他人的评价中建立我可以做什么、我应该做什么、我能够如何做这样更为清晰的目标,并能够在行动中调整形成一个个更适合自己的新目标。

从爱玩到"慧玩",每一个孩子获得应对未知的机会与勇气,在亲历各种各样的活动中,他们积极应对,体验到了克服困难的成就感。在解决问题的行动中他们不断地修正最初的想法或者产生新的问题,用好奇心、创造力、包容心驱动自己认识世界。孩子只有经历了持续挑战后的成功才能获得深深的满足感,也只有经历好奇、投入、不怕困难的过程,才能调动出打开自己视野、丰富自己经历的诸多办法。一个孩子可以对一块成人眼中平平无奇的大石头产生迫切想要研究的激动,他珍惜这块石头并且将其存放在教室,时不时拿着放大镜观察,用手掂量和触摸,这块珍宝见证了他发现、探索的珍贵品质。

从小我走向大爱,每一个孩子具备了适应、学习和合作的能力,他们带着交往的意愿和能力,产生对周围的人、环境和生活的热爱,感受群体生活的快乐与意义,获得与他人和社会建立联系、发生互动带来的喜悦感。每一个孩子把身边的同伴当作自己成长旅途中的盟友,珍惜每一次相遇与相聚,在面对十字路口的时候,他们通过交流沟通与合作,一点点消除犹豫、疑惑。他们也会暂作停留,欣赏他人的探险故事,装满对未来的好奇与期待。

(三)至简,过好每一个日子

朴素的教育是不被功利目的所束缚的,教师要让每一个孩子投入到自己的生活中,远离人为的内卷与无谓的竞争。面对刚开启学习之旅的稚嫩的孩子,教育更要找对方向、使好劲儿,把孩子从听说读写的达标练习中解放出来,把孩子从"只能上不可下"的淘汰筛选环境中解放出来,让孩子过好眼下每一天的生活。要让孩子解决实际的问题,用曲折蜿蜒但也是更有意义的方式登顶,进而饱览属于自己的独特风景。

过好每一个日子,就是每一个孩子都知道自己想要什么样的生活并为之努力。有的孩子为了与新结交的朋友有更多交流与游戏、学习与探索的时间，就会抓住每一次相遇的机会，真诚做出相约的邀请。他们也会向老师提出自己的想法，坦诚表达自己结交新朋友的愿望。有的孩子羡慕于同伴的本领，也惊喜于自己的发现，毫无保留地与他人交换着自己的见解与观点，让生活与学习的场所充满自己的故事，烙下自己的印记，散发出不一样的味道。

三、揭开焕然一新的园所面貌

幼儿园不仅仅属于某一群人，比如老师；幼儿园不属于某一类人，比如善于表达的孩子。幼儿园应该是有多种面貌的，是属于每一个人的。在这里，老师和孩子互相了解和尊重，他们就获得了展现自己的更大平台与空间。没有外面的声音操弄，要求他们怎么做，他们用自己的智慧在开放与约束、奋力与松弛、假想与交织中探索和创造无限可能。

（一）开放与约束并存

教师对自己更宽容，对孩子的"错误"更包容。在这里，不足与短板能成为撬动权威的利器，错误与失败能成为走向成功的投石器。

每个孩子都可以利用广泛的数据和信息，大方地展示自己的发现、说出自己的见解。不同的是非对错、欣喜低落成为这里受欢迎的一幕。于教师而言，不用自以为是的方式去教育孩子，不以自己擅长的方式去影响孩子，而是以长远的目光对教学做全面客观的思考，从而形成教育定力，在自己与孩子的关系中激活教与学。

（二）奋力与松弛同在

孩子生长有高峰也有低谷，有冒进也有滞缓，每一个孩子能在困顿的时候慢下脚步，也能在醒悟的时候加速向前。过去惯用的评估标准成为一种了解孩子的参照系，每一个孩子不再被要求在同一时间或相同的时长、用相似的形式做出对教师教学的反应，不再在"按部就班"中沦为一个符合成人与社会预期的"钟形曲线"。

奋力不代表紧绷，孩子们在探索中能够在形成目标后敢于向前，能够在面对自己习以为常的事物时，时常站在"洞外"看问题。在这里，我们让孩子的每一次探索都带着孤注一掷的决心与信心，此时让孩子们遇到困难拼一拼，就能得到意料之外的收获。

松弛，使混龄背景下每一个孩子都能在一天天的日子里找到自己的节奏去生活和学习。孩子在园阶段的三年，教师通过有余地的生活作息、个性化的教学支持，让小班、中班、大班的人为分隔模糊化，在混龄背景下变相探索一种具有幼儿园特点的"学制"，创造出一些自由时间和空间，让无论是走在"标准"前还是走在"标准"后的孩子，都按照自己的意愿与内在动力向各个方向发展出独特的认知结构与能力兴趣，真正实现因材施教。

（三）假想与真实交织

世界每天在变化着，不以知识的绝对优势自居长者，不以暂时的成就对未来下定论是明智的选择。每一个创新背后都有无数个奇思妙想的念头在支持着，每一次突破背后都需要不轻言放弃的探索在催化着。没有人能保证真理的永恒，没有人能轻易嘲笑"谬论"的力量。我们把不可能放在土壤中浇灌，把假想描绘在图纸中研究，如此才能让幼儿的学习和生活得到无限向外延伸、无限向下深入的机会，看似不可能的未来生活会以倍速前行，并诞生一个开创显赫、改变世界的人物。

教师愿意鼓励幼儿对习以为常的事物提出自己的看法，幼儿与伙伴能够对成人世界约定俗成的做法与规律发声质疑。每个孩子能够在不同场景下展示自己的想法与成果，在洞穴里的"闭关思考"，让他获得独立的机会与空间，在围坐时的"交流"中，让他收集到来自不同渠道、带有不同文化背景与个人色彩的观点。提问与交流让同伴之间彼此赋能，他们尊重每一个想法，不轻易否定下一次行动。

关于未来学校教育的画卷已然展开，但学校教育变革的目的不在于给出一个完美固定的答案，学校教育创新的具体探索也没有一劳永逸的"范本"。正如幼儿的学习，只有一直面向未来、融入世界，才能真正催化出优质的教育，才能培养出不被时代淘汰的社会公民。

怀着开放的心态一路向北,在质疑、提问、实践和总结中前进吧。期待！一个个让普通家庭的孩子都能享有优质教育的幼儿园遍布各地。相信！一个个不断趋近理想教育的朴素的幼儿园始终将充满活力且坚定。未来！每个孩子都能拥有一个心之所向、乐在其中的童玩家。

后 记

　　《童玩家:幼儿混龄学习与生活的红缨范式》一书历时三年终于完成了,红缨幼儿园童玩家园区的全体老师为此欣喜万分。

　　时间回到2021年,杭州市教育科学研究院共评选出15项杭州市教育科研重大课题,红缨幼儿园成为杭州市唯一一所幼儿园入选其中,对于红缨幼儿园而言,这是第二次获此殊荣,同时又一次成为了"杭州市教育科研规划重大课题研究基地"。经过三年的努力,"红缨人"终于通过自己的实际行动再次交出了一份具有时代性、前瞻性、创新性的科研成果,为推进杭州市乃至全国学前教育的混龄实践贡献了力量。

　　在课题研究过程中,我们成立了以园长为核心的混龄制研究小组,对课题实施起到积极的引领作用。而童玩家园区的每一位老师,则都是课题的实践者、教育智慧的贡献者。她们有的为课题研究提供第一手资料,有的为课题开展提供后勤保障服务。可以说,本书的出版凝聚了所有老师的心血。

　　在园长的带领下,七位老师共同参与完成了本书的撰写。各章作者分别为:第一章,林玲;第二章,陈晨;第三章,许威;第四章,胡晓颖;第五章,孙静怡;第六章,傅思颖。原杭州市教育科学研究所所长施光明先生应邀进行了全程指导,黄静园长对全书进行了统稿。

　　课题研究也得到了众多领导、专家的支持。在课题开题时,浙江大学教育学院刘力教授,浙江省教育科学研究院规划办主任沈佳乐,浙江省督学、原杭州市教科所所长施光明,杭州市教育科学研究院院长俞晓

后
记

237

东,杭州市基础教研室李燕等专家共同参与了课题论证。各位专家就研究内容和操作的可行性展开了严谨的论证,对课题实施提出了建议,同时充分肯定了"混龄制"在支持幼儿混龄学习与生活方面的突破性。专家的支持与肯定都转化成我们深入课题研究的积极动力。在此,一并表示最诚挚的感谢。

在研究过程中,浙江省督学、原杭州市教育科学研究所所长施光明作为该重大课题的指导专家,全程介入,指导我们展开阶段式的梳理、反思、调整和突破,杭州教育科学研究院规划办主任阮青青作为杭州市教育科学研究院委派的联络员,也参与到每一次课题走访、论证和指导中。经过与专家的多次交流,参与课题研究的全体老师,对混龄背景下幼儿生活与学习的价值、定位、样式均有了更加清晰的认识。在专家的引领下我们反复修改课题方案、调整课题研究的整体框架,终于提炼出清晰的书稿纲目。这些都为后期书稿的撰写奠定了扎实的基础。在此,感谢两位专家在课题研究中给予我们的指导和帮助。

此外,还要特别感谢来自浙江师范大学儿童发展与教育学院的甘剑梅、秦元东、黎安林等专家,以及来自杭州师范大学经亨颐教育学院的朱晓斌、武建芬等专家,在我们展开研究、推进实践的不同阶段亲临指导。诸位专家肯定了我们在混龄研究中的思考与努力,也给予了我们极大的启发与动力,引领着我们不忘初心、砥砺前行。

"幼儿混龄生活与学习的红缨范式"已正式提出并正在深入研究,目前已经取得阶段性的丰硕成果。然而,本书中难免存在着种种不足之处,我们衷心希望读者们能够提出宝贵意见,为我们下一步的研究提供帮助。

黄 静

2024 年 3 月

图书在版编目（CIP）数据

童玩家 ： 幼儿混龄学习与生活的红缨范式 / 红缨幼
儿园混龄制研究小组编著． -- 长春 ： 东北师范大学出版社，
2024.3
ISBN 978-7-5771-1207-7

Ⅰ．①童… Ⅱ．①红… Ⅲ．①学期教育－教学参考资
料 Ⅳ．①G613

中国国家版本馆CIP数据核字(2024)第058863号

□责任编辑：于天娇　□封面设计：书道闻香
□责任印制：许　冰　□责任校对：书道闻香

东北师范大学出版社出版发行
长春净月经济开发区金宝街118号（邮政编码：130117）
电话：0431—85690289
传真：0431—85691969
网址：http://www.nenup.com
杭州书道闻香图书有限公司制版
杭州万星印务有限公司印装
杭州市余杭区星桥街道星二路72-1号（邮政编码：311199）
2024年3月第1版　2024年6月第1次印刷
幅面尺寸：170mm×240mm　印张：15.5　字数：216千

定价：58.00元